経営力を鍛える 人事のデータ分析30

林 明文・古川拓馬・佐藤 文 著

中央経済社

はじめに——人事のデータを知れば、経営レベルは確実に上がる

「あなたの会社の人件費は妥当でしょうか？」

この質問にあなたは答えることができるでしょうか。そもそも何をどう調べて判断したらよいのか、わからない方もいるかもしれません。

会社の状態が妥当であるかを判断し、説明するときに、数字で根拠を示すことができれば、一段と説得力が増します。

冒頭の人件費をはじめとして、会社にはさまざまなデータがありますが、本書は人事に関わる30のデータを厳選して紹介していきます。

どのデータも単純な計算で求められたり、データとして公表されているものです。これらのデータを知り、活用すれば、日々の仕事や経営のレベルは確実に上がることでしょう。

遅れてしまった日本の人事管理

企業を経営していく上で〝人材〟は最も重要な資源です。よい人材を多く雇用している企業の業績

は安定するとともに成長の可能性が高くなります。人材のモチベーションがより高くなればより高いパフォーマンスを発揮することが期待できます。企業の業績を上げるためには、人材はなくてはならない最も重要な資源であることを疑う人はいません。

企業が今まで以上に成長し、厳しい競争に打ち勝っていくためには、よい人材を確保し、よりよい状態にすることが求められます。そのために人材を管理する領域として、人事管理があります。人事管理は経理財務、総務、法務、システムなどの企業の基盤を支える管理機能の1つに位置付けられます。もっとも重要な経営資源の管理をする分野ですので、経営管理の諸分野の中でも非常に重要な分野であると言えるでしょう。

日本企業の人事管理の歴史は大まかには次のようにとらえることができます。まず戦後から高度成長を経てバブル崩壊前までの期間は、多くの企業は高い成長をしており、優秀な人材を確保して安定した企業活動を行えるような人事管理スタイルでした。〝終身雇用〟〝年功序列〟といった考え方はこの期間に定着したものです。成長が続くので必要な社員数を採用しなければなりません。また採用した社員が退職されても困ります。この時期は単一製品を大量生産するスタイルが多かったために、社員は同じ業務を正確に繰り返すことが重要でした。そのため社員の大半が満足する給与や評価を行うことで規模の維持と安定した企業運営を実現してきたのです。〝終身雇用〟〝年功序列〟は今からみると日本的人事管理の問題点と思われがちですが、当時は成長する企業を支える人事基盤を提供するという観点では、企業の実態に合った管理だったのです。

バブル経済が崩壊し、今までの人事管理が通用しなくなる混迷の時代を迎えました。急激な景気の悪化、多品種少量生産、ビジネススピードの向上、IT技術の進化、グローバル化などの環境変化から、安定した事業を継続して行うという従来のスタイルから大きく変わったのです。そのため人事管理も大きな転換を求められました。まず〝リストラ〟と言われる雇用調整が多く実施されました。ある意味終身雇用の否定になります。環境が大きく変化し企業業績が低下したため、余剰する人材が発生し、社員の能力や知識がミスマッチを起こすようになります。そのため社員を退職させる施策を実施する企業が多くなったのです。また〝年功序列〟的な人事管理も見直しを迫られました。しかし企業存続のために人員削減は行わざるを得なかったですが、長い間慣れ親しんだ〝年功序列〟的な人事制度を抜本的に改革できた企業はわずかでした。経営環境から考えれば、人事制度は〝年功序列〟から〝成果・実力〟主義に大きく転換しなければならなかったのですが、そこまでの大改革を実現できた企業は一部でした。

現在の日本企業の人事は大きな課題を抱えたままの状態です。本来あるべき人事管理の姿からみると、旧来の〝終身雇用〟〝年功序列〟が根強く残っており、そのためさまざまな不都合が発生しています。例えば技術の進化が激しい中では、年齢が高いことが社内での地位や給与が高いことと何ら関係ないのですが、年齢や勤続のほうが技術力よりも重要な要素となっています。要は企業への貢献度で社員を処遇できていないということです、当然人材のモチベーションは高くならず、退職する社員も発生してしまいます。社内での適正な競争がなく人材レベルが高くないなどの問題も起こります。

日本の企業の人事管理は、過去の古いスタイルの呪縛《じゅばく》から解放されていません。人事管理は経営管理諸分野の中で決して進化した分野ではなく、むしろ問題の多い遅れた分野となってしまっています。

〝データ〟〝定量〟なくして人事管理は語れない

人事管理の進化が遅れているのは、過去からの人事管理スタイルから脱却できなかったからですが、これには長きにわたり人事管理の研究が積極的になされておらず、理論的な発展がほとんど進まなかったことも大きな要因と考えられます。高度成長時代には人材の確保と定着が重要な課題だったので、人事管理も社員の確保と社員の満足度、モチベーションの向上が重要な関心事でした。しかし人事管理は短期、中長期の経営方針、計画を達成するために、必要な人材を安定して供給することが求められます。また人件費は企業のコストの中で最大のコストなので、これをうまくコントロールすることが必要です。

そのためには人件費、人員数、人員構成、人員の配置や人材のスキル、社員に対する指揮指導、モチベーション、コンディションなどの状態を毎年管理する必要があります。多くの企業では、社員の採用やモチベーションを特に重視しますが、他の人件費や人員数、人員構成など人事管理の上で重要な管理領域に対しては厳格な管理をしてきませんでした。冒頭で述べたように、自社の人件費が妥当であるかと聞かれても、経営も人事部門も答えを持ち合わせていないのが実態です。

これは人件費だけでなく人員数や人員構成など他の項目も同様で、モチベーション以外の重要な項目が認識されていないのです。したがって、自分の会社の人事の状態を正確に把握する術がないとも言えます。別な言い方をすれば、モチベーション以外の大半の項目は、金額や人数、さまざまな指標で表すことができるものであり、〝データ〟〝定量〟的な指標なのです。人事管理は〝データ〟〝定量〟〝数字〟で管理する感覚がほとんどなく、そのため進化する機会を失ってきたともいえます。

経営管理が高度に発達している中で、重要な経営資源たる〝ヒト〟の管理分野はまだまだ発展余地があるということになります。この人事管理がより高度に適正に行われるようになると、企業の成長はさらに高く、確実なものになっていくでしょう。経営者として、管理職として、経営に必要な人事管理のエッセンスを習得することは今後の大きな武器になるはずです。

人事を成長のエンジンに

今後日本企業が発展するためには、長年の課題である人事管理の改革が必須となります。健全で成長性の高い企業になるためには、最も重要な〝人材〟を扱う管理領域の格段の進化が求められています。それを実現するのに過去の人事管理の考え方や理論は全く通用しません。人事管理に求められているのは、〝定量〟〝数字〟〝合理性〟などのように、より理論化された理論的根拠のある世界です。経営にとって人事が大きな武器になるように、人事がより経営に貢献できるようにするためには、経理財務と同じように〝財務諸表〟〝財務指標〟のような共通言語が必要です。

これからの人事を語る上で、あえて〝データ〟〝数字〟にこだわり、人事管理の考え方や論点を共有することが重要です。〝データ〟や〝数字〟に依拠していない人事管理は根拠が薄く、経営判断を誤る可能性があります。

逆に重要ないくつかの〝データ〟〝数字〟を把握していれば人事の状態や経営としての有効な〝打ち手〟が明確になるとも言えます。以降は経営者、管理職社員など経営を担う人材として必要な人事管理のベース知識、スキルを習得することを目的として、代表的な〝数字〟〝指標〟を学んでいきます。

各項目の最後には「3分間チェック！　マネジメントのポイント」と題して要点を挙げていますので、本文のまとめや実践上の留意点として活用してください。

読者のみなさんが、本書を通じてさまざまなデータを知り、使いこなすことでお仕事がより豊かになることを願ってやみません。

2017年7月

林　明文

目　次

データ
01

労働者数の激減は避けられない

――労働力人口

労働力人口とは、15歳以上の人口のうち、「就業者」と「完全失業者」を合計した人口で、通学者、家事従事者、高齢等によって生産活動に従事しない者などは労働力人口には含めません。働く意思と能力を持つ人の総数で、一国の経済力を示す指標の1つです。

労働力人口の減少は、労働投入量が減ることを意味しますので、国内市場の縮小要因となり、潜在的な経済成長を阻害してしまうリスクがあります。

日本の総人口、生産年齢人口（15歳以上～65歳未満の人口）はすでに減少していますので、非労働力人口の労働参加を高めない限り労働力人口は増加しません。

労働力人口は構造的に減少期に入っている

経済状況の変化は一般的に2つに分けて考えることができます。1つは、短期的な景気変動に伴う循環的変化と、2つ目は中長期的な経済主体となるアクターの増減や意識の変化、技術革新などに伴う構造的変化です。

リーマンショック後の景気後退によって労働力の過剰感が指摘されたり、アベノミクスや、東京オリンピックによる景気回復に伴う労働不足の問題は、循環的変化のことを指します。短期的な景気の変動によって労働力の過不足は常に生じますが、日本の労働力人口の変化は、短期的な変化ではなく、構造的な変化が生じているのです。1980年代以降に労働力に不足感が生じていた時期として挙げられるのは、バブル景気の頃と、小泉政権期のいざなみ景気の頃ですが、企業の人材調達として、短期的な人材不足感はありましたが、全体の労働供給自体が制約され、企業の成長を阻害することが懸念されることはあまりありませんでした。しかし、日本の人口構造は、短期的な景気に伴う労働需給の変動にかかわらず、生産年齢人口（15～64歳人口）や総人口はピークアウトしており、漸減してきています。

このことを、よく日本では人口オーナス期に入っていると言われます。人口オーナスとは人口ボーナスの対概念で使用される言葉で、「重荷」や「負荷」を意味し、総人口に占める労働者の割合が低下することを指します。戦後以降、出生率が高かった時代は、豊富な労働力を次々に市場に供給でき、

図表01-1　労働力人口の推移

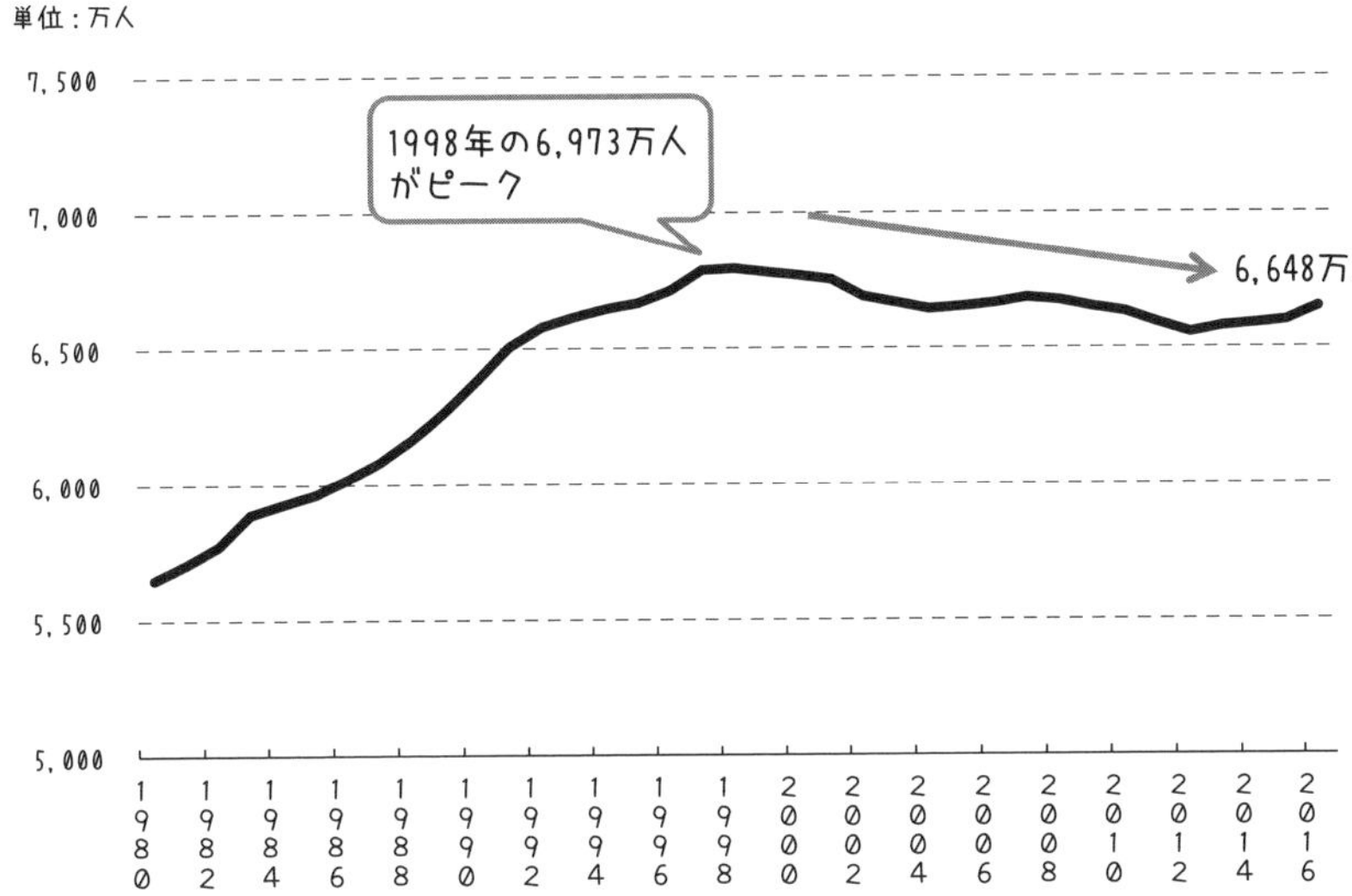

出所：総務省「労働力調査」（平成27年）

企業の成長に大きく寄与してきました。日本では1950年代から1970年代がこの時期にあたり、いわゆる人口ボーナス期と言われるものです。しかし、この人口ボーナス期はピークを越えると、必然的に人口オーナス期となります。出生率の低下により生産年齢人口となる割合が低下し、これまで生産年齢だった層が高齢者となるからです。日本は1990年代からこの人口オーナス期に入っています。

この、人口オーナス期における労働力人口の減少は、人口構成の構造的な変化を原因としているため、これまでのような短期的な景気変動のように、数年後には改善するものではないことを十分に認識する必要があります。

構造改革を迫られる人事管理

労働力人口が構造的に減少していく今日にお

いて、日本の労働市場は、人材の供給制約の時代に突入していると言えます。この人材供給制約が構造的な変化である以上、企業の人事管理も構造的な見直しを検討しなければなりません。

具体的には、労働市場における人材自体が減少していることから、企業が経営をする上で必要な人材を量的にも質的にも確保することが困難になるということです。

これまでの、日本の一般的な人事管理は、新卒一括採用によって将来の経営幹部となるコア人材の若手を大量に確保し、総合職として社内の内部育成と内部競争によって、経営幹部を輩出してきました。長期雇用を前提としているため、22歳の学卒で入社後、60歳の定年で一斉に退職させることによって、人材の適切な循環を可能としていました。加えて、事務的業務や簡易で定型的な業務は、女性社員や高齢社員、非正規社員が主として担ってきました。企業の人事管理の主役はあくまでも男性の若手が主となってきました。

労働力人口の減少に伴う人材の供給制約の時代においては、このようなこれまでの人事管理の延長線上では通用しなくなってきていることを意味しています。

すでに顕在化している労働力不足と人材獲得競争

すでに労働力不足の影響は、日本全体に影響が出ていますが、特定の産業おいてはその影響が顕著に表れてきています。特に、サービス業や建設業、運輸・郵便業では労働力不足が深刻な経営的な問題となっています。これらの産業では、短期的な景気回復の影響も受けていますが、明らかに構造的な労働力人口の低下によって人手不足の状態となっています。

これらの産業では、人材獲得が熾烈化《しれつか》しており、これまでの給与水準では十分な人材を確保することが難しいことから、各社で給与水準の引き上げ合戦が生じており、人件費が高騰化してきています。加えて、これまでの人材調達のチャネルだけでなく、高齢者や女性、外国人労働者の活用が急速に進んできています。

このような人材調達の多様化は、産業間での時間軸に違いはあるものの、労働力人口の減少が構造的なマクロ現象である以上、全ての産業で生じてくることが想定されます。そのため、これから迎える各企業間で起こるであろう人材獲得競争に、各企業の人事管理も対応していくことが求められています。

一律から多様な人事管理へ

今後の人事管理の方向性は、人材調達の多様化に伴い、これまでの人事管理よりは多様で複雑な人事管理にすることが求められます。もちろん、これまでも女性活用等において人材の多様化は、人事管理の中で推進されてきていました。しかし、これまではどちらかというと「ダイバーシティ・マネジメント」として推進されてきており、ジェンダーや倫理的な側面が強くありました。そのため、どちらかというと対症療法的な制度変更で対応してきた企業が多く見受けられます。

これからの人事管理では、これまでのようなパッチワーク的な制度変更での対応では人材調達の競争力を維持・向上することは困難になります。具体的には、これまでは、正規社員で職種や地域が無限定な総合職社員をコア人材とし、その他を周辺人材とした人事管理が主でした。しかし、今後は特にコア人材である無限定な総合職社員を労働市場から調達して育成することが極めて困難になってきます。そうすると、これまでのコア人材をさらに細分化し、職種や地域を限定的にした働き方が可能な人事管理にしていくことが必要になります。そうしなければ、育児や介護といったなんらかの生活上の制約がある人材を戦力として活用することができなくなります。また、年齢による人事管理の典型である、定年といった仕組みも、高齢者をより活用していく上ではあまり合理的な仕組みとは言えません。さらに、これまでは非正規社員は周辺人材として、ほとんど人事管理の仕組みはないに等しい企業が多かったですが、優秀な人材は正規社員として活用できるように正規と非正規の人事管理の仕組みに、明確なラダーを設けるようなことも必要になってきます。

このように、労働力不足は、企業の人事管理を根幹から再編していくことが求められます。今後の日本の労働力の推移や、自社の属する産業の労働需給の状況を把握していないと、非常に大きなリスクになるということです。

3分間チェック！

マネジメントのポイント

□現在は人口オーナス期に入っていることを理解する

現在の労働力不足は短期的なものではなく、生産年齢人口の減少とともに、労働力人口も中長期的には減少していく構造的問題であることをしっかりと理解することが必要です。

□人材調達チャネルを多様化する

すでに一部の業界では人材の獲得競争が熾烈化していますが、今後は、この人材獲得競争が各業界に広がっていきます。これまで以上に人材調達のチャネルを女性や高齢者、外国籍の人材にまで多様化していくことが求められます。

□一律から多様な人材の活用へ

これからは、無限定に働いてくれる総合職社員だけでなく、働き方に何らかの制限のある限定社員が主になっていきます。多様な人材を適切に管理できる人事管理を整備することが急務です。

データ02

そもそも日本は終身雇用ではない

――平均勤続年数

平均勤続年数とは、社員の在籍年数の平均年数のことです。現在在籍している社員の入社から退職までの期間の平均年数で、長いほど安定した長期雇用、短いと社員の入れ替わりが激しいということになります。

日本の平均勤続年数の統計は厚生労働省より発表されています。一般に平均勤続年数は大企業になるほど長い傾向にあります。日本での平均はおおむね13・5年くらいですが、大手企業では約16年、小企業で約11年くらいと大きな差があります。

平均勤続年数＝勤続年数の総合計／社員数

日本企業は終身雇用か

平均勤続年数は現在在籍している社員の勤続年数の平均になります。このデータは基本的には短いと問題があるということになります。勤続年数が短いとノウハウや文化がうまく継承されない、採用効率が悪いと想定されるからです。

自社の勤続年数の長短を判断するためには他社のデータと比較することになります。日本の平均勤続年数は企業規模、業界、学歴によって大きく異なります。大手企業では平均16年ですが、業界によって異なり、たとえば電気・ガス・水道業では約20年と長く、医療・福祉業業では約9年と非常に短いです。企業規模が小さくなると勤続年数は低くなる傾向にあります。大手企業が16年に対して中小企業では12年程度です。まず自社の年数が平均に比較して長いか短いかが重要な判断になるでしょう。

他国の平均勤続年数は、米国がとびぬけて短く約5年弱、他の先進国は日本企業とほとんど変わりません。日本は大手企業では長いですが、企業規模が小さくなると長いとは言えません。日本だけが終身雇用、長期雇用であるというイメージはデータ的には正しくないのです。

図表02-1 性、年齢、企業規模・学歴別勤続年数

性	計	企業規模			学歴			
		大企業	中企業	小企業	大学・大学院卒	高専・短大卒	高校卒	中学卒
男	13.5	15.9	12.7	11.4	13.1	12.0	14.0	15.5
女	9.4	10.3	9.1	8.9	7.3	9.6	10.6	11.3

出所：厚生労働省「賃金構造基本統計調査」（平成27年）

図表02-2 性、年齢階級、産業別勤続年数

性	産業計	鉱業，採石業，砂利採取業	建設業	製造業	電気・ガス・熱供給・水道業	情報通信業	運輸業，郵便業	卸売業，小売業	金融業，保険業
男	13.5	13.5	13.5	15.2	19.7	14.2	12.3	14.3	15.9
女	9.4	12.5	10.5	11.9	16.3	10.0	8.9	9.8	11.3

性	不動産業，物品賃貸業	学術研究，専門・技術サービス業	宿泊業，飲食サービス業	生活関連サービス業，娯楽業	教育，学習支援業	医療，福祉	複合サービス事業	サービス業（他に分類されないもの）
男	10.5	13.9	9.5	10.0	13.4	8.6	15.4	10.1
女	8.1	9.2	7.3	7.9	9.3	8.2	10.8	7.5

出所：厚生労働省「賃金構造基本統計調査」（平成27年）

勤続年数が長いことは良いことか

外形的には平均勤続年数が長いことは問題がないことになります。しかし長いことが手放しに良いこととも言えません。日本企業の給与制度は1年在籍すると昇給するような年齢や勤続によって昇給するスタイルが一般的です。平均勤続年数が長くなるということは年齢や勤続に対する給与の額が大きくなるということになります。特に高齢化が進んでいる企業では、勤続年数が長くなる傾向になり、それが人件費に反映されてしまうのです。同じ社員数でも平均年齢によって人件費の額が異なることになります。

また給与や賞与を年功的に決定する企業では、能力が相対的に低い、業績貢献が低い社員でも昇給し平均とあまり変わらない賞与を

受け取ります。逆に優秀な社員、業績貢献度合いの高い社員はあまり多くの恩恵を受けないことになります。このような人事管理の下では、優秀な社員はより高く評価してもらえ、より高い報酬を得られる他社に転職してしまうリスクが高くなります。逆に優秀でない社員は居心地がよく、退職することなく在籍するので、当然勤続年数が長くなります。勤続年数も経営としてみた場合に、残ってほしい社員が長く勤続することは良い状況ですが、必ずしも残ってほしくない社員が長く勤続することは望ましくはありません。単純に全社の勤続年数が長いことがよいことではないということです。

勤続年数と退職率

勤続年数は現在在籍している社員の平均年数です。退職した社員の年数の勤続年数は算入しません。この数字はさらに退職率とともに把握するとより自社の状況がわかります。

―勤続年数が長く、退職率が低い

このパターンの企業は、採用した社員の多くが退職しないで定着するということになります。採用の効率も高くそのまま定着しますので、好ましい状態と言えるでしょう。

―勤続年数が短く、退職率が低い

このパターンは企業が特殊な状況の時に発生するものです。例えば設立されて長い期間が経っていない若い企業では、採用して長く在籍していないのでこのようなデータとなることがあります。また急に拡大する企業も同じ傾向になります。急拡大し中途採用を大量に行うなどです。また中高年の社員を数多く採用する企業もこのパターンとなります。

―勤続年数が長く、退職率が高い

このような企業は、多くの採用をして、一部の定着する社員が長く在籍するというものです。採用の効率は良いとは言えませんが、残った社員は定着するということで、一定のハードルを越えた社員にとっては良い企業ということになります。

―勤続年数が短く、退職率が高い

安定性・効率性で問題のあるパターンです。多くの社員を採用するが、ほとんどが定着しないということになります。企業のノウハウや文化などが継承しづらい、またたくさん採用したくさん退職するということが非効率ということになります。ただし、アパレル販売のように若い年代に人気があり年齢が高くなると自然に離職するような企業はこのパターンでも問題はないでしょう。

定着の促進のために

自社にとって望ましい勤続年数、離職率である状態にするためには、今の人事管理の見直しが必要な企業も多くあります。優秀な社員が長く在籍することが望ましい状態にするために、よりも〝仕事〟〝成果〟〝実力〟を重視した管理にしなければならないでしょう。また安定性を増すためにも社員の多くが定着することを指向しなければならないので、職場環境や労働条件の整備も必要となります。

3分間チェック！

マネジメントのポイント

□自社の勤続年数を知る

勤続年数は自社の人事管理の状態を表す重要なデータです。このデータは全社、セグメント別（年齢、組織別など）で毎年認識する必要があります。また、他社との比較も重要となります。勤続年数が低い場合には何らかの対策が必要となります。

□勤続年数と退職率のパターン

勤続年数はこの数字だけでも重要なデータですが、さらに退職率との関係で、より自社の状態を知ることができます。特に勤続年数が短く退職率が高い企業は要注意であり、改善が求められます。

□望ましい勤続年数、退職率管理

企業として好ましい状態でなければ、社員に対する労働条件を見直さなければなりません。特に企業の主力となる社員の満足度を上げることが、重要な戦力の維持・強化につながるため、人事制度の改定なども視野に入れる必要があります。

データ03

人材獲得サバイバル時代

——失業率

失業率とは、労働力人口（就業者と完全失業者の合計）に占める完全失業者の割合のことです。完全失業率はゼロになることはありません。労働市場には常に人の転入転出の動きがあるからです。そのため、労働市場における需要と供給のバランスが取れている場合でもミスマッチ等によって発生する均衡失業率と、景気の変動によって生じる需要不足失業率に分けて考えられています。

完全失業率（%）＝完全失業者／労働力人口×100

失業率は低下し続け、完全雇用に近づいている

２０１３年のアベノミクスによる景気回復以降、雇用情勢はかなり早いスピードで改善してきています。完全失業率は２・９５％（２０１７年1月時点）と３％を切る水準にまで低下し、ほぼ完全雇用の状態に近づいています。さらに、有効求人倍率は１・４３倍（２０１７年1月時点）にまで上がり、労働市場の需給は明らかにひっ迫している状況です。社会的に見れば、失業率の低下は素晴らしいことですが、企業経営の観点から見れば必要な人材を十分に確保することができず、今後の企業成長の足かせとなる可能性さえ出てきている状況です。

この失業率をもう少し詳しく見ていくと、完全失業率は、２つに分けることができます。景気低迷における需要不足によって生じる「需要不足失業率」と、労働市場における需要と供給のバランスが取れている場合でもミスマッチミス等によって発生する「均衡失業率」です。需要不足失業率は、０％を切りマイナスになっており、労働需給のひっ迫が、労働需要よりも労働供給面にあることを示唆しています。均衡失業率は常に一定程度で推移することを考慮すると、現在の低失業率は、明らかに労働者が少ないことが原因の大きな1つになっています。

図表03-1 均衡失業率・需要不足失業率の推移

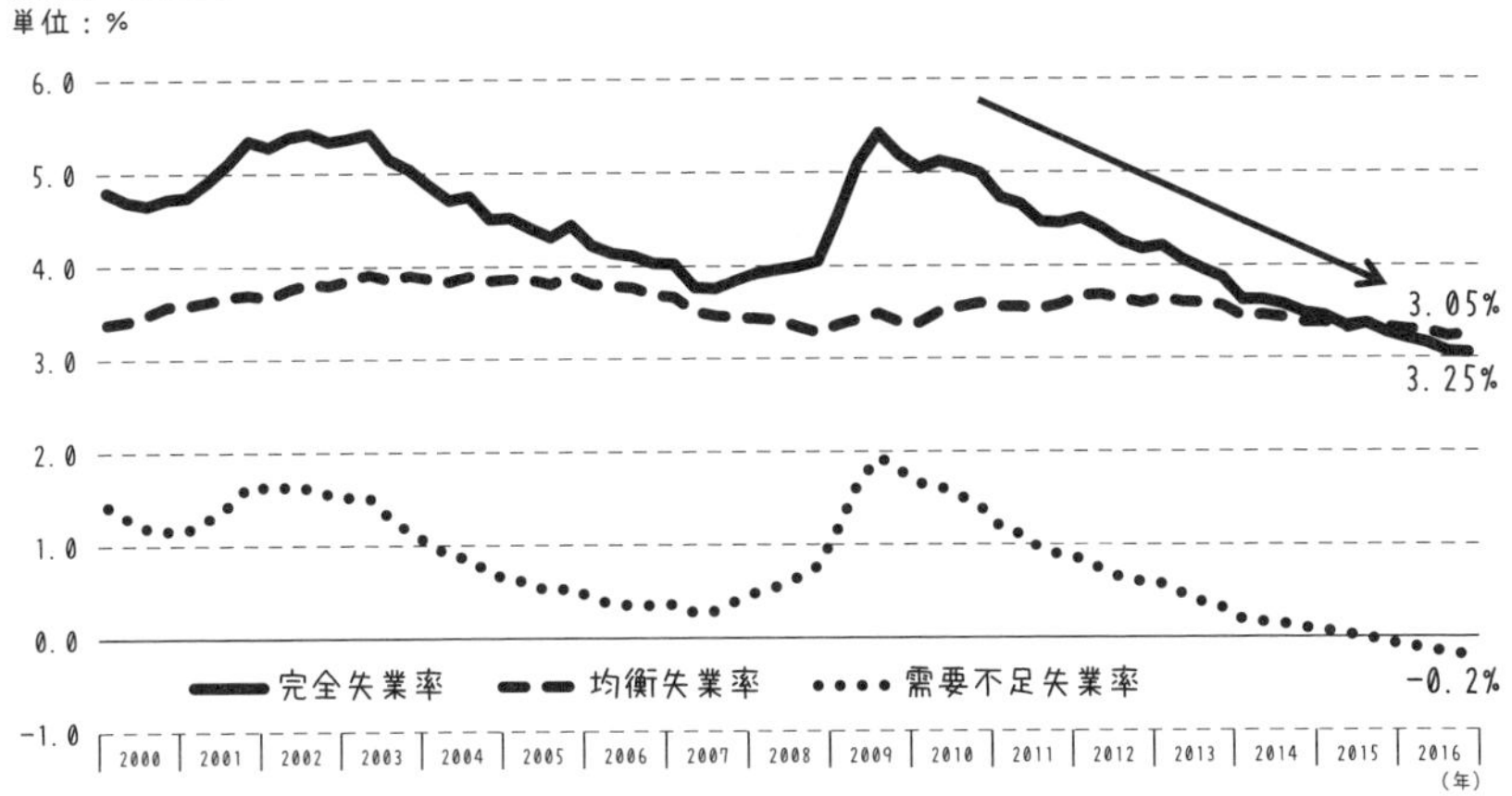

出所：労働政策研究・研修機構「ユースフル労働統計フォローアップ」（平成29年）

中小企業はより人材獲得が困難に

労働力不足によって失業率が低下すると、当然のことですが、労働市場では企業による人材の獲得競争が生じます。求職者は、給与水準や福利厚生といった労働条件の良い大手企業を指向する傾向があるので、中小企業は必要な人材の獲得が今後はさらに困難をきわめることになるでしょう。

そもそも中小企業は、大企業に比較して良い労働条件を提示したり、採用に関して大きな投資をすることが難しく、買い手市場の時でも採用には非常に苦労している企業が多いです。そのため、採用のチャネルとして取引コストの低い縁故採用や大卒だけでなく、中・高卒者の割合がもともと多い傾向にあります。そのため、労働供給の減少は、今後の事業継続の観点からも死活問題になってくるのです。

慢性的に人材不足の状況が継続すると、経営上さまざまな問題が生じてきます。まず、ビジネスとして需要があったとしても、需要の増加に対応できず、せっかくのビジネスチャンスを逃してしまうことになります。また、後継者の確保・育成ができず、技術やノウハウの着実な伝承に支障をきたしてしまったり、既存社員への業務負荷が多大になり、残業や休日出勤の増加や職場の雰囲気の悪化やモチベーションの低下に繋がっていきます。そうなると、既存社員が離職する原因となり、ただでさえ不足している人員がさらに不足してしまうという悪循環になります。

労働力人口自体は実は増加している

日本の生産年齢人口の減少に伴い労働者は減少し、今後も低失業率が継続するというストーリー自体は変わらないのですが、「これまでの継続」で考えた場合という条件が付きます。足元の労働市場では、実はすでに変化が起こっており、労働力人口は減少ではなく、増加に転じているのです。つまり、非労働力人口が労働者になっているということです。特に、女性や60歳以上の高齢者の労働参入率が顕著に高まっています。これは、高齢者の継続雇用が義務化されたことが影響している側面もありますが、特に女性の労働力率が高まっているのは、これまで働かずに（働くことが難しく）、家庭に留まっていた人材が、働くことが可能なように労働の買い手側（企業側）が、これまでの人事管理から労働の売り手側（労働者）に対応した管理への見直しを図っているということです。

低失業率時代に対応した多様な人事管理へ

今後もこの低失業率は継続することが見込まれるため、これまでの人事管理を見直し、優秀な人材を維持・獲得していくことが可能な人事管理にしていく必要があります。具体的には、現在の社員が今後も継続して働き続けることが可能な仕組みにすること。また、労働市場から新たな人材を獲得していくことが可能な仕組みにすることです。

これまでは、正社員と言えば、勤務地域や職務内容、労働時間が無限定の、いわゆる総合職と言われるような労働条件での雇用が一般的でしたが、家庭の育児や介護といった制約のある社員でも、勤務地・職務内容・労働時間を限定しても柔軟に働くことが可能な仕組みに変更するとともに、社員のスキルアップのための教育投資を充実させることで、企業としての魅力を向上させることが求められます。また、パート・アルバイトのような非正規社員であっても、単純に時給を上げるだけでなく、正社員と同レベルの人事制度を導入し、働きぶりをしっかりと評価し、処遇に結びつけ、優秀な人材であれば正社員に登用する明確なキャリアパスを示しておくことが重要になるでしょう。

特に、中小企業は今後これまで以上に人材の獲得が困難になることから、現在働いていなくても、潜在的には労働者になり得る女性や高齢者に対しても魅力的な人事管理にしていくことがポイントになるでしょう。

3分間チェック！

マネジメントのポイント

□失業率はほぼ完全雇用にまで低下している

現在の失業率の低下は、景気低迷によって需要が不足したことに起因するものではなく、労働供給の不足が原因となっています。そのため、人手不足は今後も慢性的なものとなることを認識する必要があります。

□中小企業はより早期の対策を

中小企業は大企業以上に、人材の確保が困難となります。今後のビジネスチャンスを逃したり、企業としてのコアノウハウ・スキルが上手く伝承されるように早期に対策を検討することが求められます。

□既存人材の維持・継続が可能な仕組みへ

今後も継続する人手不足の状況下では、既存人材が離職せずに長期に働き続けるように教育投資や人事管理の仕組みを整備する必要があります。

データ04

働き方の変化に対応する

——平均給与

日本の平均給与は、現在の経済社会の状態が反映されます。給与は労働者の生活基盤そのものです。給与の高低によって労働者の働き方が左右されるデータです。自社の属する業種や規模、正規・非正規といったセグメントに分けて見ることでより詳細に現在の平均給与を知ることができます。

平均給与＝給与支給総額／給与所得者数

低下の一途をたどる平均給与

ひと昔前の一般的な家庭像として思い浮かべるのは、サラリーマンの父親、専業主婦の母親に子供2人の4人家族ではないでしょうか。一家の家計を支えるのは父親の収入です。家族を養うために企業戦士となって猛烈に働き、年齢を重ねるたびに昇格・昇進していき、給与も毎年上昇していきました。マイホームの購入に、子供を大学に行かせることも当たり前となりました。しかし、現在ではかつてのこのような一般的な家庭像は、バブル崩壊後のいわゆる「失われた20年」で完全に崩壊してしまいました。

現在の給与所得者の平均給与は、1997年をピークにして、低下の一途をたどっており、約420万円です。アベノミクスの影響により直近では若干増加傾向にありますが、ピークだった1997年に比較すると約10％も低下しているのです。男性だけで見ても、580万円弱だったのが、約520万円にまで低下しています。よく男性は500万円以上の年収がないと結婚できないと言われますが、年収が500万円以下の男性の割合は統計では約60％にも達しているのが現在の日本の現実です。さらに、年収1000万円以上の高額所得者も少なくなってきており、日本全体として低い平均給与のサラリーマンが増加してきています。このような平均給与の低下に伴い、これまでの父親が家計を支え、母親は専業主婦という家庭像から、すでに共働きが一般的な家庭の姿になっています。

図表04-1 平均給与の推移

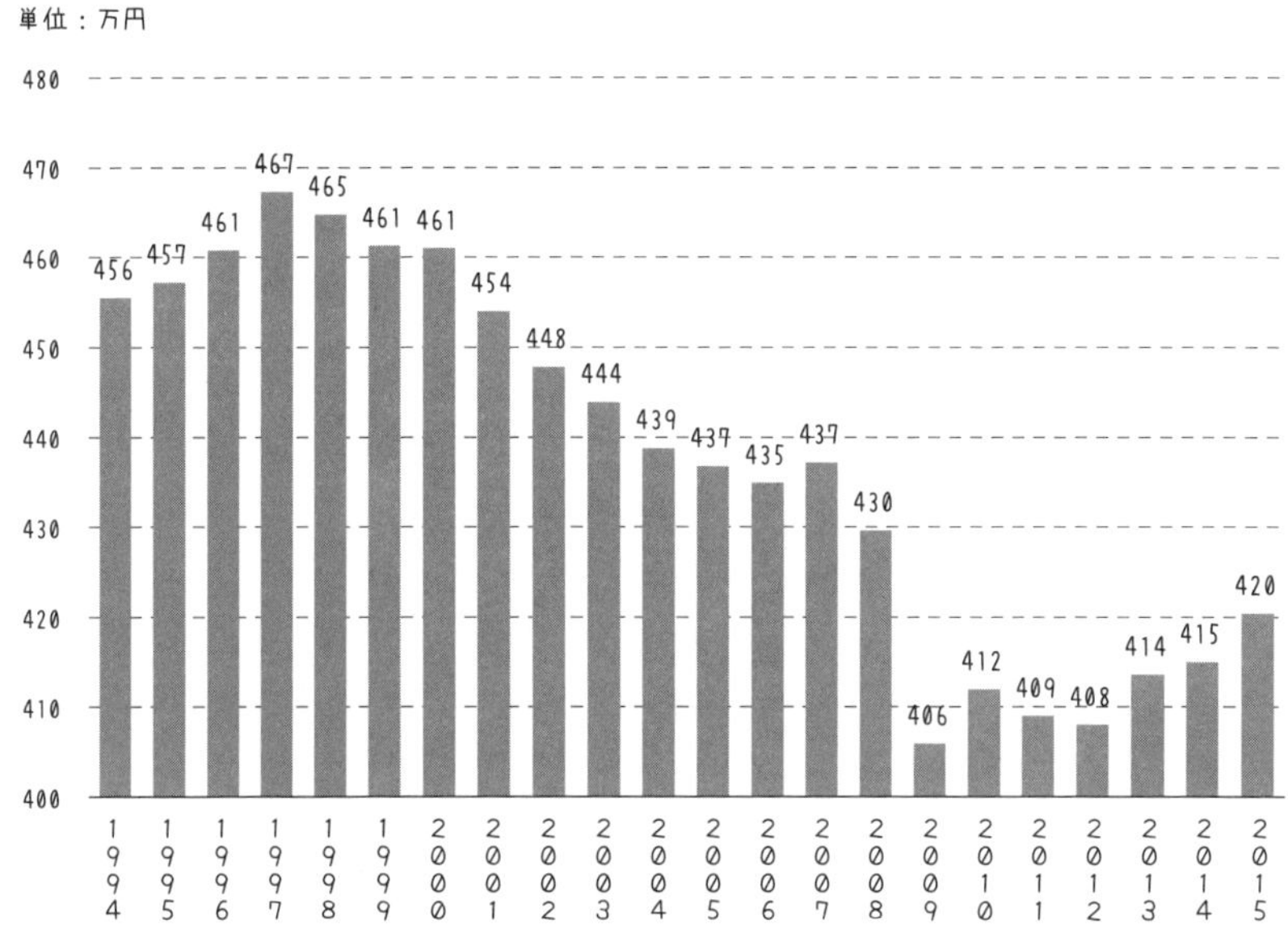

出所：国税庁「民間給与実態統計調査」（平成16年～平成27年）

サラリーマンを苦しめる可処分所得の低下

さらに、サラリーマンの給与が、低下しているだけでなく、給与の中で自由に使うことのできるお金、いわゆる可処分所得も同時に低下してきています。この可処分所得の低下の大きな要因は社会保険料の増大です。

日本は、世界でも類を見ない高齢化が進んでいます。その影響で、日本の社会保障費は、毎年約3兆円程度の規模で拡大し続けています。これは、日本で生み出された富のうち約4分の1が社会保障費として使用されていることになります。この社会保障費の負担はもちろんサラリーマンが保険料または税金の形で負担することになります。しかも、この社会保障費は今後も間違いなく増加していくことが見込まれますので、社会保険料は今後も増加し、給与支給額の低下に加え、手取り給与も同時に下がり、サラリーマンの可処分所得はさらに低下していくことは間違いないでしょう。

変化する働き方に対応した人事管理へ

平均給与の低下は、さまざまな原因がありますが、日本の経済状況が今後継続的に良くならない限り、かつてのような給与が徐々に上昇していくことはあり得ません。また、企業が利益の創出を目的とした営利企業である限り、投下できる人件費も限られています。しかし同時に、経営者は社員がより高いパフォーマンスを出して職務遂行してもらうために、一定の給与を支払い、社員の生活基盤の安定性を確保することも重要な責務です。

平均給与の低下によって、サラリーマンの働き方は、おのずと変わってきます。共働き世帯がすでに一般的になっているように、単純に女性の社会進出が進んだということだけでなく、経済的理由から共働きの家庭が今後も増加していくことが見込まれます。また、平均給与の低下に加え、年金支給開始年齢の引き上げもあり、60歳定年後にも継続して働き続ける人の割合も増加しており、今後はさらに増えていくでしょう。将来的には定年が65歳や70歳に延長される可能性も十分に考えられます。要は、経済社会の変化に対して、すでに労働者の働き方は変化してきているということです。

しかし、現在の企業の人事管理は、この変化に対して十分に対応することができていません。ダイバーシティの観点からだけでなく、経済社会の変化に対して、社員がもっと働きやすく、パフォーマンスを発揮しやすい仕組みにすることが急務となっています。例えば、これまで総合職としてバリバリに働いてきた女性社員が出産し、育児をしながらこれまでと同様に総合職として働こうとしても、残業や休日出勤ができないために辞めてしまったり、比較的負荷の低い管理系部門に異動になり、将来のキャリアをあきらめなければならなかったり、仕事と育児の両立ができない企業は未だに多くあります。

また、多くの企業の再雇用社員の仕組みは、人事制度といえるものがなく、給与は定年前の給与から一律で引き下げ、再雇用期間は、評価も行わないような企業が多くあります。これでは、再雇用社員を戦力として期待していないと言っているのと同じです。

今後、共働き家庭の増加や、再雇用社員の増加に対して、もっと社員が安定して働くことができ、高いパフォーマンスを発揮しやすい人事基盤を整えていく必要があります。

3分間チェック！

マネジメントのポイント

□平均給与の世間水準を知る

現在の日本の平均給与は、現在の経済社会の状況を知る上で重要なデータです。さらには、給与を階級別、男女別、正規・非正規別等のセグメントに分けて見ることも重要です。

□可処分所得を知る

社員の可処分所得（実収入から、税金や社会保険料などの非消費支出を差し引いた手取り）を知ることで、額面給与ではなく、社員の実質的な給与を知ることが重要です。

□女性や高齢者がパフォーマンスを発揮しやすい仕組みに

育児中の女性社員が、特定の部署に固まっていたり、再雇用社員の給与が一律カットのような仕組みになっていないかチェックが必要です。

データ05

社員数は余っている？　不足している？

――適正人員数

適正人員数は、経営方針、計画を達成するために必要な人員数です。

社員1人当たりの望ましい生産性をもとに算定します。生産性とは1人当たりの売上高や付加価値などで、この生産性の数値が他社に比較して低い企業は競争力が低いと判断されます。また一定レベルの生産性がなければ社員に十分な給与を支払うことができません。

適正人員数＝付加価値／労働生産性

＊付加価値…企業が新たに生み出す価値。人件費、営業利益、賃借料、金融関連費用、租税公課の合算

＊生産性…付加価値／社員数

社員数は適正か？

日本の製造業は非常に高い管理レベルにあります。製造原価などは極めて精緻に計算、管理されています。原材料の価格、製造工程の生産性など様々な工夫がなされ、良質で競争力ある価格の製品を作っています。しかし製造現場を離れると、工場の間接部門や販売管理費の中で特に人件費は、この高い管理レベルとは異なり、驚くほどアバウトです。例えば企業の経営者や人事部門に、〝現在の社員数は適正な人数か？〟と聞いても明確な答えが返ってこないなどはその代表的なものです。

企業は経営方針に基づき経営計画を策定し、その実現を目指します。経営者は株主に対して、経営計画の達成をコミットします。この経営計画達成のために必要な人材は不可欠です。必要な人数より少なければ計画達成はできません。逆に多すぎると人件費が膨らみ利益を圧迫します。人件費は最も大きなコストですのでこのコスト管理を厳格に行うことが重要であることは誰も疑いません。この人件費（その算定の基礎となる人員数）に対しては、製造コストの管理と比較してあまりに低いレベルです。そもそも正社員は終身雇用であり、余剰しても解雇できないため、計画に対して何人必要であるかという視点が弱いというのが原因であると推測されます。

社員数は計画達成に極めて大きく影響を与えるものであり、経営としてはより厳格な〝数字的管理〟が必要です。現状はそのレベルにははるかに届かないのです。特に業績が通常か好調な時期には、あまり総人数の問題は経営の議題に上がりません。この問題がもっとも注目されるのは業績下降時で

図表05-1 適正人員数分析

指標	適正人員数	適正人員数との差異	過不足率
自社過去平均	1,155人～1,023人	-40人～-172人	-3.4%～ -14.4%

図表05-2 適正人員数算定のための指標

指標	2009年度	2010年度	2011年度	2012年度	2013年度	2014年度
付加価値	26,690	24,151	20,495	16,909	17,629	16,547
労働生産性	19.20	18.55	16.27	13.85	14.75	14.39
総人員数	1,390	1,302	1,260	1,221	1,195	1,150

図表05-3 適正人員数との比較

指標	適正人員数	現行人員数	差分	過不足率
直近３期平均	1,155	1,195	-40	-3.4%
６期平均	1,023	1,195	-172	-14.4%
最高値・最低値を除く平均値	1,035	1,195	-160	-13.4%

注：過去の付加価値、労働生産性より適正な人数を算定した例。過去の労働生産性の様々な平均を算出し、直近期（2014年度）の付加価値より適正人員数を算定。

す。業績が悪化したときに、人数が多いと感じ、初めて真剣に人員数の管理に取り組みます。多くの企業では平時において、合理的な人員数の投下をする意識が希薄な状態なのです。

あるべき適正人員数

企業の社員数を多すぎず少なすぎず適切な人数にするためには、計画達成をするために何人必要かという視点で考えなければなりません。この適正人数を知るためには、まずは数字で把握することが必須となります。

適正な人員数は、企業の経営目標（売上や利益など）を達成するために何人が必要かということですので、社員1人当たりの売上や付加価値が必要となります。一般には生産性と言われる数字になりますが、この生産性を把握している企業は多くはありません。経営のスローガンに〝生産性の向上〟を見ることがたびたびありますが、これは姿勢やマインドとして掲げられていることが多く、〝〇〇〇円の生産性を〇〇〇円に〟など明確な数字で表されていません。社員1人当たりの売上や付加価値が上昇しなければ企業の収益が上昇せず、社員の処遇も上がりません。まずは経営者、管理者としては生産性の数字を定期的に把握することが必須となります。

過去の生産性の数字や競合他社、業界の生産性と比較することによって、その企業の望ましい生産性、目標とするべき生産性が決まります。望ましい生産性が決まれば、計画されている売上や付加価値の目標から、何人の投下が理想であるかが明確になります。その結果人数が余剰しているのか不足しているのか把握できるということになります。

リストラ時の重要数値

このように生産性から適正な人数を把握する考え方は、企業業績が好調なときよりも不調なときのほうがより強く意識されます。特に大幅に業績が低下し、人件費の大幅な削減なくして企業の再生が困難なとき、いわゆるリストラ時にはこの数字は特に重要視されることになります。

企業を再建するためには、新しい経営計画達成のために必要な人数にすることが求められます。必要な人数にするために人員削減をする場合には経営者、親会社、金融機関、株主、社員などが見て適正な人数であることを明示しなければなりません。そのためにこの生産性による適正な人数の算定が非常に重要な数字となります。

生産性は前出のように付加価値を人数で割っています。一定の生産性を維持しようとした場合、もっとも望ましい経営施策は付加価値を向上させることです。しかし付加価値が向上しないとすると、社員数を削減しなくてはなりません。要は付加価値向上施策が有効であればその分人員削減の人数は少なくて済むということになります。

量的人数と質的人数

適正人数の議論は、しばしば違う方向で議論されることがあります。例えば管理職クラスの人数はちょうど良いという判断でも、本当に管理職としての能力を保有している社員が少ないといったことです。外形的に管理職であるが、質的には管理職として不満ということです。量的には1人だが、質的には1人と勘定できないともいえます。このような企業では人事管理が適正に機能しているとは言い難いです。管理職に対して求める職務のレベルや能力、マインドなどを満たしていない社員が多いのですが、年功的に管理職に昇格させてしまっているので、等級別の人数が企業の人材力を表していないのです。人事管理が適正に機能していない企業では適正な人員数の議論をする土台がありません。このような状況で適正な人数は何人かと言っても明確に答えることができないのです。

企業の経営方針、計画を達成するための適正な人数をマネジメントするためには、まずは企業に必要な人材を明確にし、社員の能力の測定を正確に行わなくてはなりません。

3分間チェック！

マネジメントのポイント

□自社の適正な人数を数字で把握する

経営方針、目標を達成するために必要な人材数を明確にしなければなりません。不足していれば計画は達成できませんし、余剰であれば人件費が多くかかりすぎており、その分利益が少なくなります。

□生産性の向上のための2つの施策

適正な人数の把握のためには、社員の生産性が重要な指標となります。社員の生産性を維持向上させるためには、企業の生み出す価値を上昇させるか、人数を減少させなければなりません。

□人事制度が適正に機能しなければ人員数管理ができない

経営に必要な人材の定義に比較して社員レベルが異なっている場合には、適正な人数を議論することが困難です。まずは人事制度を再整備し、厳格に社員のレベルを測定することが必要となります。

データ
06

長期トレンドをチェックしなければ意味がない

——直間比率

直間比率とは、企業内で直接的に収益に影響を与える組織（直接部門、営業部門や製造部門など）と間接的に収益に影響を与える組織（間接部門、管理部門など）の人件費、人数の比率のことです。企業の収益力強化を検討する上で、直接部門の人件費、人員数比率が高くなることが望ましいとされています。直間比率は合計の人件費、人数のうち直接部門人件費、直接部門人員数として算出します。

直間比率（直接部門比率）

直接部門人件費比率＝直接部門人件費／総人件費

（総人件費＝直接部門人件費＋間接部門人件費）

直接部門人員数比率＝直接部門人員数／総人員数

（総人員数＝直接部門人員数＋間接部門人員数）

考え方として重要なデータ

企業の収益力を増すためには、直接〝稼ぐ〟部門へ人員を投下することになります。間接部門は企業活動に不可欠ですが、今日明日の〝稼ぎ〟への影響は大きくありません。そのため総人件費、総人員数のうち直接部門への投下の比率である直間比率は経営的に重要なデータなのです。このデータが長年管理されているとしたら、年ごとの変化をみると直接部門への投下の変化がわかります。

基本的にはどの企業も間接部門の比率が高くなるよりも直接部門比率が高いことが望ましいと考えます。しかし間接部門は企業活動の基盤をなす部門であり、企業運営の基盤提供とともにより高度な経営管理を行うためには、より多くの資源投下が必要となります。例えば未上場企業が上場するとなると、経理部門などは今まで行っていなかった管理会計などの業務が追加され、経理部門の人件費、人員数を増加せざるを得ません。企業の置かれている環境の中で直間比率が妥当であるかを判断しなければなりません。

この直間比率というデータは経営にとって非常に重要なデータであることは誰も疑いません、このデータを重視し厳格に毎年管理している会社も少なくありません。しかしこのデータは正確性という観点で問題があります。それは直接業務と間接業務を分けなければならないということが困難であること、また1人の社員が両方の業務を行っていることも少なくないこと、これらのために正確な数字が把握できないのです。

図表06-1 直間比率イメージ（人件費）

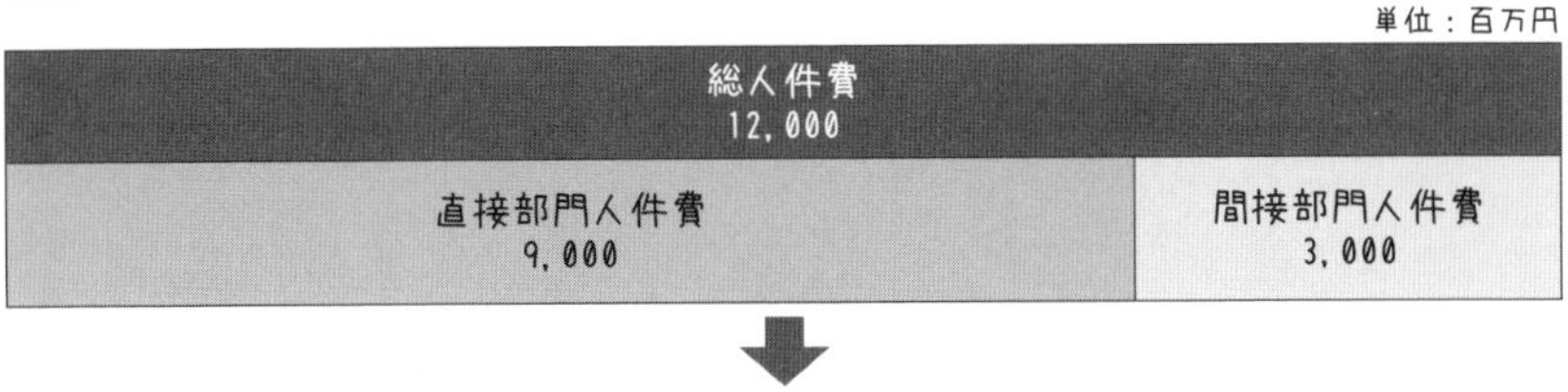

直接部門人件費比率：75%
間接部門人件費比率：25%

図表06-2 直間比率イメージ（人員数）

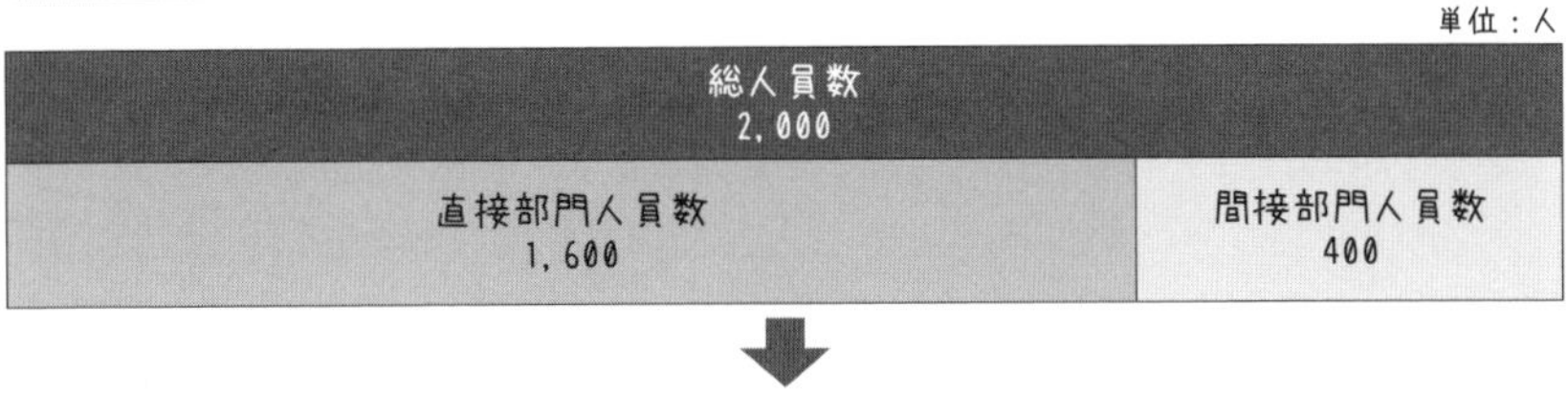

直接部門人員数比率：80%
間接部門人員数比率：20%

なぜ間接部門人件費が多くなるか

近年この直間比率の議論はたびたびされますが、定番の重要な管理指標になりきれていません。議論されるかという背景には、日本の企業に〝適正人員〟という視点が足りないからです。特に最近は高齢化が進むことによって、直接部門の業務で活躍できない社員を間接業務へ配属することなどもあります。今までは営業の一線に配属されていた社員が、営業成績管理の業務に配属し、製造現場にいた社員を加齢で業務負担が大きくなったという理由で、購買や品質保証などの間接業務に配属替えするといったことです。

長期雇用を前提とすると、直接部門でパフォーマンスが低下した社員だからといって、即退職させることはできません。そのため致し方なく間接部門へ配置せざるを得ないという企業も少なくないのです。このように社員の年齢上昇が直接部門比率を低下させる1つの典型的なパターンですが、企業活動が高度化し、社会的要請によって間接業務が増えることもあります。コンプライアンスを強化するためには今までよりも法務を強化しなければなりませんし、社会的責任を強く意識するとCSR業務などが増えたりするということです。

経営としては意味のある間接部門への投下であれば問題はありません。間接比率が高くなることに明確な理由があればよいということになります。これは単に比率ではなく、組織の〝適正人数〟という視点が前提となります。

難しい他社比較

毎年組織ごとや人ごとに直接部門業務と間接部門業務を管理している企業では、長年の自社のデータより、直間比率の適正さが判断できます。10年前と比較して直接部門比率が10％低くなったとし、その原因がどの部門やどの業務に因るものかがわかるからです。このように直間比率は自社の過去データ比較が極めて有効です。

この自社の過去データ比較でなく、他社と比較して直間比率が適正かを判断する方法もあります。この方法は大まかな判断をする上ではよいですが、正確性、合理性という観点で疑問な方法です。まず他社と正確に比較する場合に、各組織が直接部門か間接部門かの判断が共通化されていなくてはなりません。ある企業は営業部門に営業サポート課があるかもしれません。この課は営業課のサポートを行うと同時に営業成績管理も担当していれば、直接か間接であるかの判断が困難です。他の企業では営業管理部としてこのような業務を行っているかもしれません。要は集計のための基準が統一されていなければ比較ができないのです。また他社比較はビジネスモデルがほぼ同じ企業でないと意味がありません。独自のビジネスモデルの企業では組織や業務も独自性が強いからです。

適正な人員の投下

直間比率が議論される企業は、間接部門比率が高いと感じている企業が多いと推測されます。間接業務に余剰や無駄が発生していると感じているのですが、それを証明できないので、直間比率というデータに頼ろうとするのです。今まで社内で直間比率管理をしてこなかった企業が、いきなり他社比較を行ったとしても、ほとんどはうまくいきません。直間比率の問題は、基本的に経営計画を達成するために必要な人員は何人であるかということです。企業全体で適正な人員が管理されていれば、直間比率は結果としての数字ということになります。直間比率を議論する前に、各組織の目標を達成するために必要な人員数を明確にすることが重要です。経営計画から各部門の目標を明確にし、その目標達成のために、どのレベルの人材を何人投下するかという判断をすることになります。このような〝適正人員管理〟ができれば直間比率はあまり重要なデータと位置付けられなくなる可能性が高いと思われます。

3分間チェック！

マネジメントのポイント

□毎年算定すると非常に有用なデータ

自社の直間比率を長期間算定すると、非常に有用なデータです。過去の直接・間接部門人件費、人員数の推移から現時点の比率の問題点が明らかになるからです。毎年様々な経営指標とともに直間比率も加えることを検討することが望ましいと言えるでしょう。

□簡単に他社比較ができない

毎年自社での直間比率を算定していない企業で、ビジネスモデルや組織編成の考え方が異なる企業間で比較しても有意なデータは得られません。多くの企業は間接部門に余剰人員を抱えているなどの問題が発生していると想定されます。

□適正な人員数をマネジメントサイクルに

経営方針、経営計画を達成するために、各組織で必要な人員を毎年算定することが必要です。このような〝適正人員管理〟〝要員管理〟を継続して行うことで、必要な人材を投下することになり、余剰人員、高齢社員ばかり抱えるような問題は発生しなくなります。

データ
07

正規・非正規の二元論は時代遅れ

――雇用区分比率

雇用区分比率とは、企業活動を行う上で必要な雇用形態・労働条件の人材別の比率のことです。

一般的には、雇用期間の定めがなくフルタイム労働の正規社員、フルタイム勤務で雇用期間が有期の契約社員、労働日数や時間が短いパート・アルバイト、直接雇用せず派遣元から指示をうけて働く派遣社員があります。

正規社員以外の雇用区分の社員は総称して非正規社員と一般的には呼ばれます。さらに、正規社員の中にも仕事内容や働く地域を限定せずに働く社員と、何らか限定された働き方をする社員がいます。

経営計画を遂行するために、この様々な人材をどのような比率で組み合わせるかが重要になります。

バブル崩壊以降、取り上げられるようになった雇用区分比率の問題

雇用区分比率とは、労働条件や雇用形態の異なる社員の組み合わせのことを指し、よく雇用ポートフォリオという言い方をされたりもします。ポートフォリオという用語自体は、もともと投資の際に、リスク分散を考慮し、様々な資産に分散投資することを意味していますが、日本の人事管理の中で雇用区分比率の議論が主要な問題となってきたのは、バブル崩壊以降の景気後退局面においてでした。多くの企業業績が悪化し、今後の経営環境も不確実性が増す経済環境の中で、これまでの長期雇用を前提とした正規社員から、短期雇用である非正規社員をより積極的に活用することで、短期的な景気や業務量の変動に対して人件費を柔軟に対応させることで、経営的なリスクのヘッジを行うというものでした。

この正規・非正規の雇用区分における非正規の比率は、平成元年は20％に満たなかったのが、年々増加していき、現在では約38％にまで拡大し、2倍にまで増加しています。

よく取り上げられる派遣社員の問題は本質からずれている

このような雇用区分比率における非正規比率の増加は、正規社員に比較して雇用の安定性や給与等の処遇面で著しく低い労働者が増加することを意味しており、メディアや政治の中でも非常に大きな

図表07-1 雇用区分比率

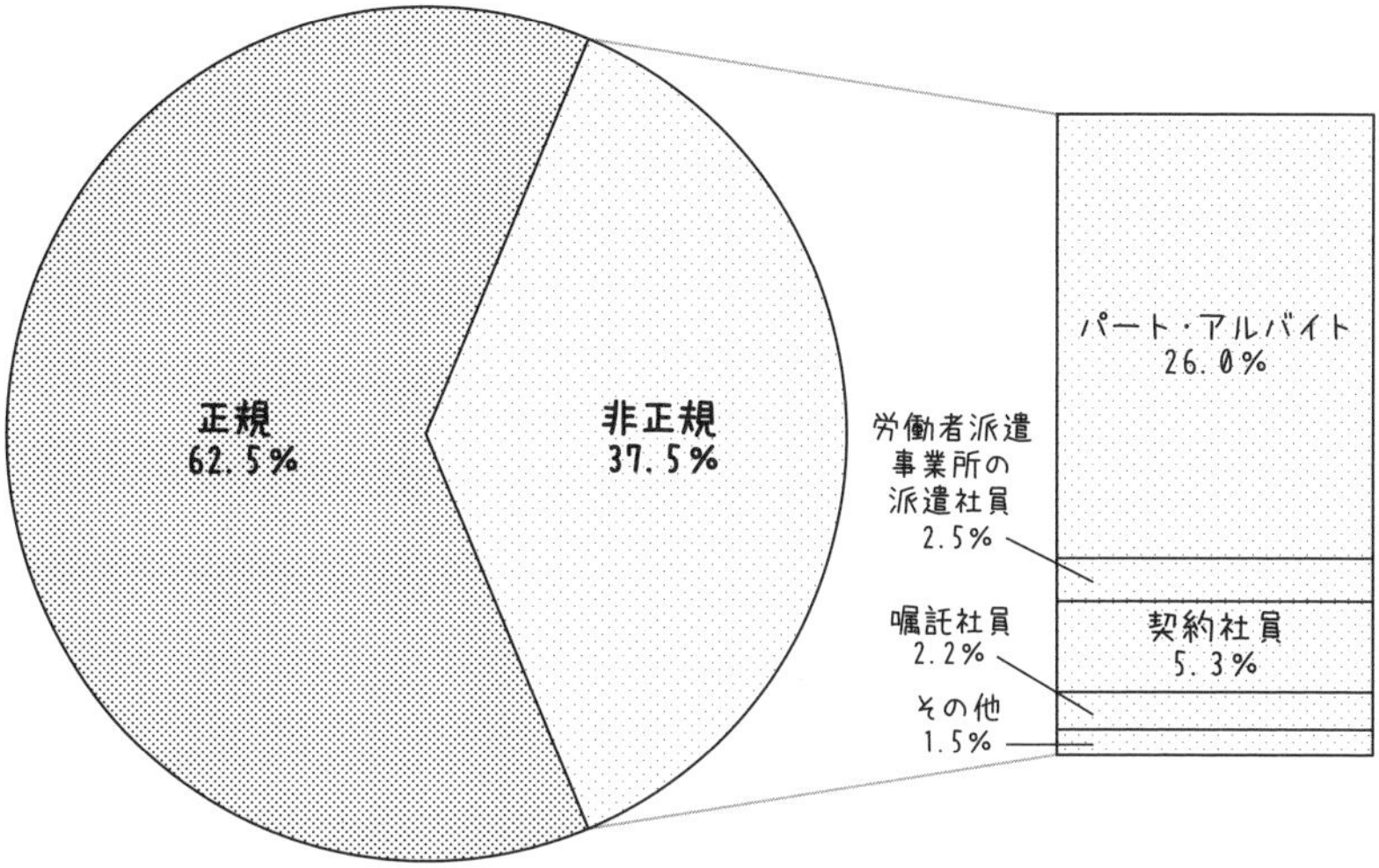

出所：総務省「労働力調査」（平成29年）

問題としてよく取り上げられてきました。そのため、正規社員については、所与のものとしながら、企業のコストコントロールにおけるバッファ機能（調整弁）を一手に担ってきた非正規社員の処遇改善だけが常に議論されてきました。

特に、非正規の中でも派遣社員の雇止《やといど》めの問題は、よく話題になります。特にリーマンショック時には「年越し派遣村」が非常に注目されたのは記憶に新しいことだと思います。

派遣社員自体の雇止めは、もちろん問題ではありますが、労働市場全体を俯瞰してみると、約５０００万人いる労働者の中で、派遣社員は約１３０万人弱しかおらず、全体の約２％強程度しかいないのです。非正規社員の中でみても約14％程度の割合です。重要な問題であることは言うまでもないですが、派遣社員ばかりを問題にしても経営的にはあまり意味がないということです。

正規・非正規二元論の雇用区分比率の議論は時代遅れに

これまでは、雇用区分比率というと、正規・非正規の二元論の中で議論される傾向が強かったですが、現在ではこの正規・非正規の二項対立の問題として雇用区分比率を議論すること自体、あまり意味がなくなってきています。

なぜならば、正規社員と非正規社員の違いが非常に曖昧になってきており、実質的に全労働者が正規社員に近くなってきているからです。例えば、平成24年に改正された労働契約法によって、有期労働契約だった非正規社員の無期労働契約への転換や、「雇止め法理」の法定化、不合理な労働条件の禁止が定められました。また、安倍政権の「働き方改革実現会議」では、非正規社員にも賞与や手当を支給する等の処遇改善をしていく方向で議論が進んでいます。そのため、これからは正規社員の中における雇用区分比率が非常に重要になってくるのです。

正規社員については、これまで十把《じっぱ》一絡《ひとから》げで扱われることが多かったですが、正規社員もさまざまな異なる労働条件で雇用されている社員がいます。

最も一般的な区分は、男女雇用機会均等法の施行以降に普及した、基幹的業務に従事し、将来の経営幹部候補として遇される総合職コースと、補助的業務に従事する一般職コースに区分する雇用区分です。また、製造業で現場の製造作業に従事する技能職・専任職や高度の専門的技術によって企業に貢献する専門職、特定の地域に限定して職務遂行を行う地域限定職といった雇用区分も多くの企業の管理手法としてすでに日本に多く広まっています。

このような、労働条件の異なる正規社員の組み合わせが今後は極めて重要になってくるということです。

経営計画を達成するための最適な雇用区分比率へ

前述したように、正規社員の中での雇用区分は過去から多様化してきていました。しかし、これら正規社員における多様な雇用区分手法は、不確実性の高い企業経営に対するリスクヘッジ機能や、経営計画達成のための人事機能として積極的役割を果たしてきたかと問われると大きな疑問がありました。現実的には、法的事項への対応や、従業員のモチベーション向上に対応するような形で発展してきており、企業の人事管理として人材の量的側面から適正な正規社員の雇用区分比率が検討されることは非常に少なかったのです。

雇用区分比率を考える上では、雇用区分別の人員数および人員構成（または人数構造）が非常に重要になります。雇用区分別の人員数とは、人事制度の等級・グレード制度で人材を働き方（労働条件）に応じて複数に区分する単位として一般的に使用されるコース、職掌、職群、職種といった区分ごとの人員数を指しています。また、人員構成とは、雇用区分別に設定された能力・職務レベルによってさらに段階的に人材を区分した等級別人員数を指します。

この人員数や人員構成が、適切に管理されてこなかったのです。例えば、企業業績の悪化時にはよく人件費削減策として、高年齢高等級の中高年社員が問題となる企業が多くあります。これは、そもそも総合職社員の人数が経営の求める人数よりも多過ぎることから、支払っている給与額と、パフォーマンスが一致せず、給与の過払いが生じていることが原因となって生じる問題です。雇用区分としては分けているのですが、雇用区分ごとの人数比率が経営計画と整合していないのです。雇用区分比率の管理をこれまで人事管理の中で適切に行ってきていなかった典型的な事例です。

これからの人事管理においては、正規・非正規という区分ではなく、全従業員を対象として、多様な雇用形態の社員をいかに活用して、経営計画を達成できるような人事基盤を整備するかが求められています。

3分間チェック！

マネジメントのポイント

□雇用区分と比率（人数）をセットで考える

特に正規社員については、様々な労働条件で社員を区分していても、人数比率を一緒に検討される企業は非常に少ないです。経営計画を遂行するには、〝どのような人材〟が〝何名〟必要か具体的なポートフォリオを組むことが重要です。

□総合職が多過ぎないか要チェック

特に総合職社員の人数比率に気をつけることが必要です。役職に就かない管理職相当の社員や、高度な専門的スキルがないにもかかわらず専門職となっている社員が多い場合は、そもそも総合職系の社員の人数が多すぎる可能性が高いので注意が必要です。

□正規社員と非正規社員を分けて考えない

これまでは人事制度は正規社員のものと考えられる傾向があります。正規社員だけでなく、非正規社員も併せて全社員を対象として人事制度を設計する必要があります。

データ08

ベテランはどのくらい必要か
――人員構成ギャップ

人員構成ギャップとは、本来経営が必要としている体制と実際の体制のギャップのことです。

本来、管理職であれば組織のポスト数分の人員数が必要でしょうし、同様に〝職務〟の視点でいえば難易度別に必要とされる人員数が決まっているはずです。

また、新卒採用をして時間をかけて管理職などの幹部人材を育成するとなれば、その母数となる人員数が階層別（等級別）に必要です。この、人材の種類別に必要な人員数と実際の人員数の差を割合で表したのが等級別人員構成ギャップです。

（等級別）人員構成ギャップ＝（人材の種類別に必要な人員数－実際の人員数）／全体の人員数

ルーチンワークなのに高等級社員ばかり

業績が悪く積極的に採用をしていなかったことに加えて人事異動が少ない職場では、見渡すと経験豊富な高等級社員ばかりでも、やっている仕事は彼らが新人だった20年前と同じ。歴史ある日本企業であれば、多かれ少なかれ見られる光景ではないでしょうか。長年の人事管理の結果生み出されたこのような現象は、それほどの危機感を引き起こすことなく見過ごされている企業が多くみられます。

日本の多くの企業では、「（職務遂行）能力」で人材レベルを分けています。能力が高ければ経営への貢献度が高い、レベルが高い人材である、という仕組みです。

それでは、能力の高い低いはどのようにして生じるのでしょうか。少し乱暴に感じるかもしれませんが、多くの場合、経験が長いほど能力が高いと言えます。同じ仕事を続けていれば、当然経験による習熟があるので、ほとんどの人材の知識・スキルは高まります。また、同じ会社組織で仕事を続けていれば、会社のルールにも精通し、根回しのコツのようなものも習得するでしょう。つまり、仕事の進め方もうまくなるのです。こうして、経験の長い人材＝能力の高い人材＝値段の高い人材、という式が成立します。一部のローパフォーマーを除いて（これも適正な評価と厳格な昇格管理を行っている場合に限りますが）、年齢が高い人材は等級が高い社員なのです。典型的な日本型の雇用システム、年功序列の制度です。

一方で、経営が必要としているのは必ずしも等級の高い人材の集まりというわけではありません。

図表08-1 タイプ別等級別人員構成ギャップ

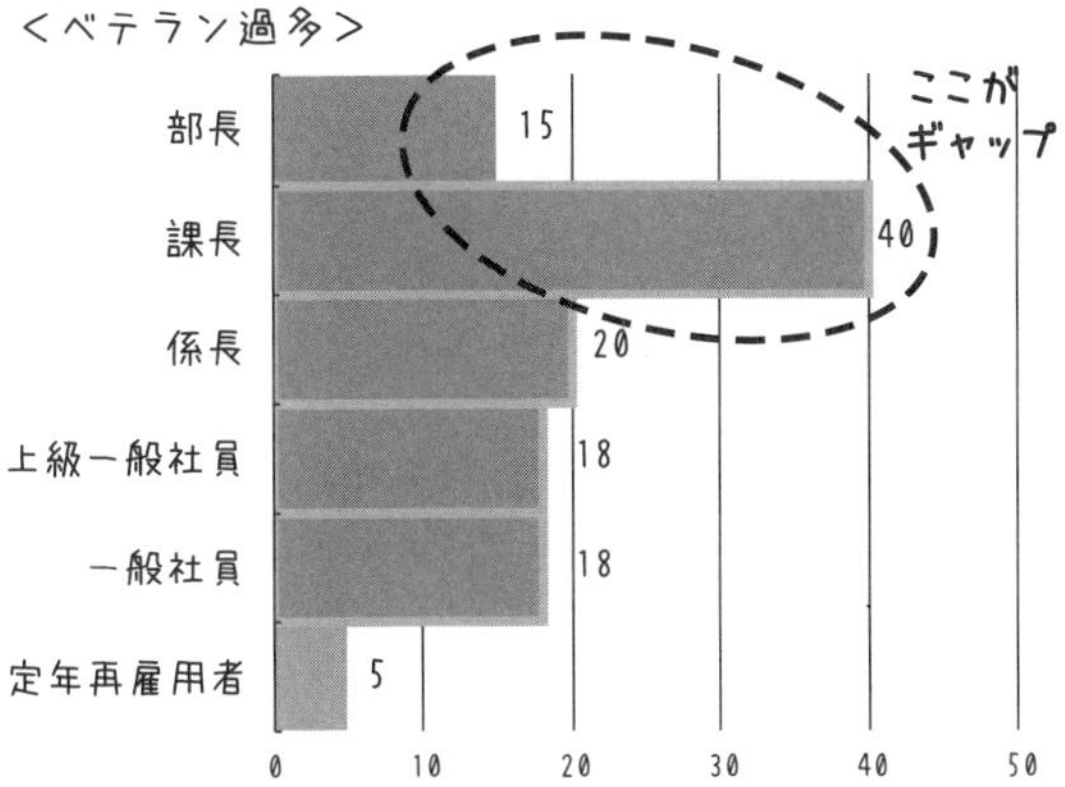

管理職級など、高等級社員が多い状態。簡単な仕事を遂行している可能性や、人件費が余計にかかっている可能性がある。また、高等級社員＝高年齢社員であることが多く、若手のモチベーションや職場の活性化が十分ではないことが多い。

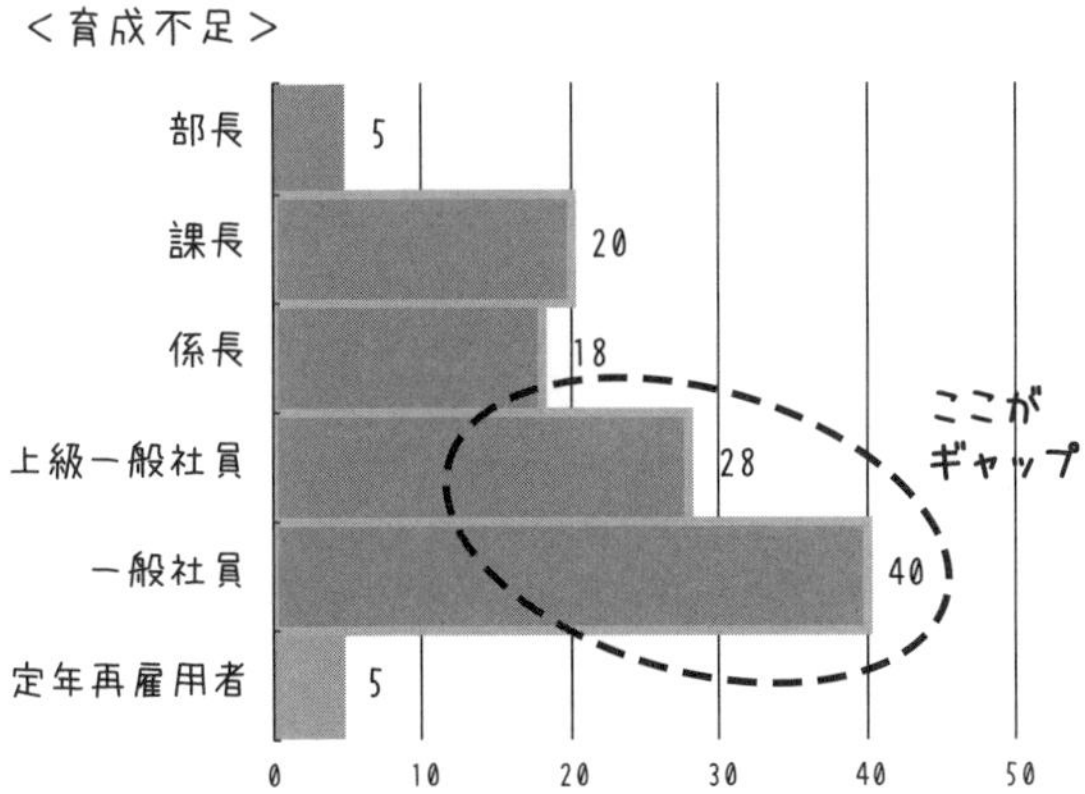

新入社員など、低等級社員が多い状態。退職率が高く、育成した人材が定着していない可能性や、育成が十分ではなく昇格できていない可能性がある。

高い能力を求められる難易度の高い仕事はそうたくさんはありませんし、日々自動化が進んでいるとはいえ定型業務など難易度の低い仕事はなくなりません。また、社員全体を経営幹部とその候補という見方をすれば、候補の中から徐々に〝ふるい〟にかけられて経営幹部が選抜されていく、高等級が少なく低等級が多いピラミッド型が望ましいということになります。冒頭のベテランばかりの職場は高等級が多く低等級が少ない逆ピラミッド型の典型です。習熟した社員ばかりの職場は実務レベルのパフォーマンスは高いかもしれませんが、経営の求める体制になっているとは言えません。このような状態について、感覚的にはわかっているのかもしれませんが、何％のギャップがあるのか定量的に表されることで、その重要性がより実感できるのではないでしょうか。

ベテラン過多の弊害

ベテランが多く、逆ピラミッド型の人員構成になっている職場の問題は大きく2つあります。

1つ目は、人件費が余計にかかっている可能性が高いということです。多くの場合、能力が高い人材は値段も高いため、20年間同じ仕事をし続けていて付加価値も同じなのに、コスト（給料）だけは上がっていくのです。社員の能力上昇とともに仕事自体が高度化して、より高い付加価値を生み出しているということであれば違和感はありませんが、多くのオペレーションはテクノロジーの進歩などにより、より一般化、簡素化しています。これも同様に定量的に把握することでその深刻さがわかるはずです。あるべき体制よりも10％もよけいに人件費がかかっていると知れば危機感を覚えるのではないでしょうか。以前よりも簡単になった仕事により多くのコストをかけている状況であればなおさらです。

２つ目は、若手のモチベーション維持が難しいということです。最近では年功序列の制度の限界を感じて、管理職昇格を厳格化する企業もでてきています。若手から見ると、自分たちの昇格機会が減っているにもかかわらず、以前昇格した圧倒的な人数で立ちはだかる先輩社員がいるとなれば、世代間不公正を感じざるを得ません。優秀な人材の社外流出やそれ以外の標準的な人材の成長や昇格に対する意欲も失われてしまうでしょう。ベテラン社員が定年退職したのち、もともと人数が少なかった今の若手の何人が幹部候補として育っているでしょうか。

抜擢人事、本当は人材が育っていないだけ

ピラミッド型の人員構成が良いかというと、必ずしもそうではありません。極端にすそ野が広いピラミッド型の企業にも問題があります。比較的新しい会社や退職率が高すぎる会社によく見られます。人材不足により積極的に採用するため中堅～若手の人員数が多い一方で、幹部・幹部候補が不足している状態です。このような企業では〝抜擢人事〟が多発します。「抜擢人事」「若手にもチャンスがある」といえば聞こえがいいですが、一定の期間をかけて後継者を育成し、しかるべき時に交代するほうが経営は安定します。任されるほうも、個人で成果を出すのに精いっぱいだったのに突然何人もの新人を抱えて組織の成果を求められるより、パフォーマンスを発揮しやすいでしょう。

グループ子会社などであれば、親会社からの出向者で一時的にしのぐことはできますが、中長期的に自社内から幹部を輩出するということであれば、早急に育成する必要があります。

等級別人員構成には、各社の歴史が表れており、他にも様々なパターンがあります。ただし、共通して言えるのは、解決には時間がかかるということです。不足階層の人材を育成するにも時間がかかりますし、逆に人員過剰な階層を適正化するにも期間がかかります。短期的に解決する方法もありますが、概してそれは痛みを伴います。雇用調整や大規模な職群転換など痛みを伴う施策が必要になる前に、データに基づく人事管理を日頃から徹底することが肝要です。

3分間チェック！

マネジメントのポイント

□理想の人員構成を常に把握

ポスト数や標準的な成長スピード、選抜度合いから経営に必要な体制がどのような人員構成かを導き出すことができます。ただし、経営に必要な体制は事業環境や雇用環境によって変化します。常にアップデートすることも重要です。

□昇格判断の前に理想の人員構成をチェック

「彼も今年結婚したし給料上げて（昇格）やらないと…」は一昔前の話です。また、優秀な人材がたくさんいたとしても、ポストがないのに管理職に昇格させるというのは経済合理性に反します。日頃の正しい判断が将来の痛みを回避することになるのです。

□計画的な採用と育成が大前提

幹部人材は特に、必要なタイミングで即戦力を中途採用するのは困難です。中長期的な視点での計画的な採用は当然のこととして、必要な人材に必要な教育の機会を与えることも重要です。サクセッションプランも含めて実施することも有効です。

データ09

なぜこんなに管理職社員が多いのか

——管理職比率

管理職比率とは、社員の中に占める管理職社員の比率のことです。

管理職社員は経営上重要な役割の社員であり、部下を持って重要な組織の責任を担っています。一般には部下が平均10名であれば管理職比率は10％程度ですが、年功序列的な人事管理を長年行っている企業では、管理職社員が30％以上となるケースも見られます。

管理職比率＝管理職社員数／総社員数

経営者が本気で取り組まない〝管理職問題〟

管理職社員とは、〝経営者と一体となって組織の管理を必要な権限をもって遂行する〟社員です。この管理職社員は会社の中では経営に影響を与える重要な社員ということになります。部や課といった組織を統括、管理する役割を担っており、当然給与などの処遇も一般の社員と比較すると高くなります。ビジネスマンとしての1つの成功の姿は管理職になることとも言えるでしょう。管理職社員は経営者と一体となって経営管理をしていますので給与についても一般の社員とは異なります。一般の社員は勤務時間が決まっており、それを超過すると残業代が払われます。時間管理をされているということです。しかし管理職社員は時間管理の対象外ということで、残業代などは支給されません。経営の一部を委嘱されているので、勤務時間も自由であり、〝時間〟で働くという考え方ではないのです。それだけ社員の中では特別な位置付けをされています。

この管理職社員に関して、日本の企業では様々な問題が起こっています。代表的であるのは、管理職社員が多すぎるという問題です。本来管理職とは部下を管理監督する立場にあります。一般に〝課長〟は10名程度の部下がおり、〝部長〟は複数の課を束ねています。そうなると管理職の社員はせいぜい全社員の中で10％台になるでしょう。この社員の人数の中で管理職社員の人数の比率を〝管理職比率〟といいますが、大手企業や平均年齢の高い会社などでは、この管理職比率が大幅に上昇している企業が実に多くあります。

図表09-1 産業別・企業規模別管理職比率

産業分類区分	産業計	建設業	製造業	情報通信業	運輸・郵便業	卸売・小売業	金融・保険業	不動産・物品賃貸業	学術研究、専門・技術サービス業	宿泊、飲食サービス業	生活関連サービス、娯楽業	教育、学術支援業	医療、福祉	サービス業（他に分類されないもの）
部長比率	2.6	5.5	2.7	5.4	1.0	3.0	2.7	2.6	5.5	2.7	5.4	1.0	3.0	2.7
課長比率	6.3	12.6	6.5	9.8	3.1	8.1	7.5	6.3	12.6	6.5	9.8	3.1	8.1	7.5
管理職比率	8.9	18.1	9.2	15.2	4.1	11.1	10.2	8.9	18.1	9.2	15.2	4.1	11.1	10.2

企業規模区分	企業規模	
	1,000人以上	100～999人
部長比率	2.5	2.8
課長比率	6.7	5.8
管理職比率	9.2	8.6

注：以上の集計は、男女計についてみたものである。
出所：厚生労働省「賃金構造統計調査」（平成27年）

管理職社員が多すぎる企業は、経営や社員にとって好ましくない現象が起きます。まず管理職のポストに比較して管理職社員が多い企業は、管理職なのですが実際のポストに任命されていない社員が多く発生します。本当の管理職としての〝人事部長〟ではなく〝人事部部長〟〝人事部担当部長〟〝副部長〟〝部長代理〟などの肩書が多い企業は管理職が多すぎる可能性が高いのです。実際に管理職として権限と責任がない社員も擬似的に管理職にしているということになります。そうなると同じ部長格の社員でもほんとの部長とそうでない社員の差が明確でありませんし、一般の社員からみると管理職だらけに見え、将来自分が目指す管理職と認識できないのです。

さまざまな問題を併発する〝管理職問題〟

管理職を必要以上に生み出してしまうことは、経営に必要な人材を必要な人数供給するという人事管理の基本の考え方から大きく離れてしまっているのです。またそうなると人事管理は形骸化してしまい、実力や成果で社員を評価し給与を支払うという、当たり前のことすら機能しなくなってしまいます。

さらには多すぎる企業は、これから管理職になる社員を今までよりも抑制する傾向になります。今まで40歳で管理職になれたり、同期で70％の社員が管理職になれたのが、年齢が遅くなったり、比率が少なくなるのです。若手の社員からみると、50歳、40歳台の社員の多くは管理職になることができましたが、自分たちの世代は管理職になるチャンスが激減していると感じているのです。このような世代間不公平が起き、社員のモチベーションに大きなマイナスとなってしまいます。

管理職比率が高い企業ではほかにもいくつか深刻な問題があります。管理職社員は特別な存在で〝時間管理対象外〟です。本当に管理職ポストに就いている社員は問題がないのですが、管理職ポストに就いていないのに、管理職として待遇されている社員が問題になります。このような社員の肩書は前出のとおり管理職的な名前ですが、実際には一般の社員と同じ業務をしています。そうなると本来は残業をしたら残業代を支払わなくてはなりません。このような社員を〝見せかけ管理職〟といいますが、これは労働基準法に違反していることになります。特に問題なのは残業が多く発生する会社で、管理職扱いすれば残業代を払う必要がないので、無理やり管理職にするパターンです。管理職扱いだから追加の残業代を支払わず多くの残業をやらせるような企業まであります。明らかなコンプライアンス（法令遵守）違反となります。

これに加えて管理職比率の高い企業で近年〝給与の逆転現象〟が起きています。これはバブル崩壊後企業業績がよくないことから管理職の月給も伸び悩んだ上に、〝サービス残業〟の撲滅や若手社員の不足から一般社員の残業代が大きくなったことが重なって起きるのです。管理職としてもらう月給と管理職に近い一般社員の残業代を含めた月給が逆転し、一般社員のほうが高いという現象です。こうなると管理職に昇格すると月給が下がるということが起きてしまします。この度合いが激しいと管理職に昇格する意欲が少なくなり、優秀な管理職が足りない、育たないということが起きてしまいます。

このように〝管理職比率〟が高い企業では大きな人事の問題を抱えていることがわかります。本来役割や責任によって評価し給与を決定することが、企業の人事管理として最もわかりやすいのですが、形骸化してしまい、人事管理が機能しなくなっているのです。その結果無駄に高い人件費となる、若手のモチベーションが損なわれる、優秀な管理職が育たない、法令違反などの問題が発生しているのです。

問題の原因は何か？

管理職が必要以上に多く存在する原因の第一は、長年にわたる〝甘い〟人事管理の結果です。多くの企業では、年功序列的な風土が残っており、人事評価そのものが甘いこともあり、管理職への昇格も緩くなってしまいます。原因のもう1つは必要人数以上の管理職への昇格がなされていることです。もっと言えば昇格の適正な人数が把握されていないということです。本来企業にとって必要な管理職人数はある程度決まっており、そのため毎年管理職に昇格する人数も〝理論値〟があります。この理論値を経営や人事は把握していないことも大きな原因です。管理職ポストが200ポストで、平均40歳で管理職に昇格すると、20年間で200名を生み出せばよいので、毎年10人（200人／20年）でよいのです。それを毎年15名昇格させると、管理職は300名になってしまうのです。管理職の昇格は社長をはじめとして取締役会などで決定しますので経営者の問題です。長年このような昇格を続けることで、異常な管理職人数となってしまいます。

この問題は企業の業績が悪い時に大きな問題と認識されます。業績が悪くなると取締役会などで、〝管理職人数が多い〟と議論になりますが、これは経営陣が長年判断してきた結果なのです。日常から評価を厳格に行い、また昇格など重要な人事的判断は慎重かつ合理的に行うということを徹底しなければ、経営の実態とかけ離れた人事管理となってしまい、企業の力を長い期間で徐々に削いでしまうことになります。管理職比率が高い企業は早急に経営者のスタンス、人事管理の在り方を見直さなくてはなりません。長年の習慣から発生している大きな問題なのです。

3分間チェック！

マネジメントのポイント

□組織の統制と人事管理を明確に

経営方針・目標を達成するための効果的な組織機構と人材の配置を明確にしなければなりません。特に経営の一端を担う管理職社員の任命や処遇を明確にしなければ、経営管理が徹底できません。

□多すぎる管理職に対しては早急に対応する

多すぎる管理職社員は様々な問題を引き起こします。この問題を放置せずにできるだけ早く解消する施策を講じなければなりません。

□〝平時〟における厳格な人事管理

業績が良い時に甘い人事管理を行うことが、管理職の異常な増加を引き起こしています。業績が良いまたは通常の時にも、人事管理を厳格に徹底することが求められます。

データ10

45歳を超えると企業は継続できない

——平均年齢

自社の社員の平均年齢は全体だけでなく、組織別、職種別などのセグメントでも把握することが重要です。

平均年齢40歳を超えると〝黄色信号〞、45歳以上は〝赤信号〞と判断されます。企業の永続的な存続を判断する上で重要なデータといえます。

近年日本企業の平均年齢は徐々に上昇しています。上場企業の大半は40歳を超えている状況であり、健全な新陳代謝ができていません。

平均年齢＝社員の年齢合計／社員数

自社の平均年齢を知る

社員の平均年齢は非常に重要なデータです。平均年齢は自社ですぐに把握することができます。このデータは非常にシンプルですが、企業の人事の状態を知る上でわかりやすいデータといえます。

日本企業の平均年齢は少子高齢化の影響もあり上昇傾向です。特に中高年を多く抱える大手企業の平均年齢は年々上昇しています。企業によって年齢構成は異なりますので一般的な傾向ということになりますが、大手企業はバブル期に大量の新卒採用をした企業が多くあります。そのため50歳台の社員数が非常に多く在籍しています。バブル崩壊以降は長い間新卒社員の採用をかなり抑制してきましたので、20歳台、30歳台の社員が非常に少ない構造になっています。この数年間は新卒採用に積極的な企業が多く、近年では新卒採用数は以前に比較して非常に多くなりました。その結果年齢構成的には〝中抜け〟の状態になっていますが、特に中高年社員の塊が目立った構造です。したがって平均年齢は高い状態が続き、かつ年々上昇している企業が多いのです。

平均年齢にも〝適正年齢〟があります。平均年齢が40歳以上の企業は中高年化が始まっている企業であり〝黄色信号〟です。45歳以上の企業は完全に〝赤信号〟です。45歳を超している企業は社員の採用・退職のフローがうまく機能していない企業です。企業が長期に発展していくためには安定した社員の〝新陳代謝〟が必要になりますが、平均年齢が高すぎる企業はこれがうまく機能していないこ

図表10-1　産業別・企業規模別管理職比率

企業規模区分	企業規模計（10人以上）	1,000人以上	100～999人	10～99人
平均年齢	42.2	41.3	42.0	43.6

注：以上の数値は、男女計・学歴計についてみたものである。

産業分類区分	産業計	建設業	製造業	情報通信業	運輸・郵便業	卸売・小売業	金融・保険業
平均年齢	42.2	44.2	42.2	39.5	46.2	41.3	41.9

産業分類区分	不動産・物品賃貸業	学術研究、専門・技術サービス業	宿泊、飲食サービス業	生活関連サービス、娯楽業	教育、学術支援業	医療、福祉	サービス業（他に分類されないもの）
平均年齢	42.3	41.9	41.1	39.6	43.1	41.1	43.4

注：以上の数値は、男女計・学歴計・および企業規模（10人以上）計についてみたものである。
出所：厚生労働省「賃金構造基本統計調査」（平成28年）

とになります。こうなると企業に蓄積した技術、ノウハウ、リレーション、文化など企業のコアとなるスキルがうまく次の世代の社員に伝承できません。平均年齢を見ると企業の将来の〝継続性〟が判断できるのです。現在45歳以上の企業が、今後長期的に発展するためには、急ぎ若手社員を採用し平均年齢を下げなければなりません。

〝適正な平均年齢〟は何歳か

企業にとって望ましい平均年齢は非常に簡単な考え方から成り立っています。新卒社員採用を前提とした場合には、企業のコアスキルを効率的かつ円滑に伝承するためには、毎年同じ人数が退職し、毎年同じ人数の採用が望ましいことになります。数年間100名規模の定年退職者が発生し、その後に年に数名の定年退職者しか発生しないとすると、安定した伝承ができないですし、企業に必要な総人数のコントロールがしづらく、人数が過多になったり、逆に必要人数に満たない状態になることが起きてしまいます。これでは企業が安定して成長することができません。年齢構成がいびつな企業は、継続性という観点で問題があるということは上記のような考え方からなのです。したがって適正な年齢別人数構成は、基本は各年齢が同じであることなのです。

しかし各年齢同じ人数を採用しても、定年退職以外に〝自己都合〟で退職する社員がいます。自己都合で退職する社員の人数も勘案して望ましい年齢別の人員構成が決定します。基本的には緩やかな台形型になるということです。このように適正な年齢別の人員構成から〝適正な平均年齢〟が計算されます。自己都合退職の人数によりますが、多くの企業では、35歳から38歳くらいが適正な平均年齢であり、この年齢から3歳から5歳くらい離れると問題が発生するのです。

平均年齢45歳の職場は〝超高齢化職場〟

平均年齢35歳の企業と45歳の企業では、職場の雰囲気はどのように違うでしょうか。平均年齢35歳では、25歳が1名、35歳が1名、45歳が1名のイメージです。もう少し人数を多くすると、25歳、30歳、35歳、45歳、50歳が1名ずつという感じです。同じように平均年齢45歳では35歳1名、45歳1名、55歳1名になります。仮にこの職場に25歳の社員が入ってくると、25歳1名、35歳1名、45歳1名、55歳3名ということになります。6名の職場で半分が55歳以上なのです。職場の雰囲気は非常に落ち着いておりあまり積極的、攻撃的ではないでしょう。

逆に平均年齢が低いということも問題があります。ベンチャー企業のように新しい会社は平均年齢が低くなりますが、社歴の長い企業で平均年齢が低い企業は、自己都合退職が多いということになります。社員が定着しない原因がある可能性が高く、企業のコアスキルが伝承できないのです。

平均年齢は長年の人事管理レベルを表す

近年は平均年齢が高すぎる企業が多いですが、平均年齢が高い企業が短期的にこれを是正することは困難です。社員は〝期間の定めのなき雇用〟ですので定年まで雇用義務があります。したがって平均年齢が高いからと言って解雇することなどができないからです。大手企業では中高年社員の退職を促進する施策（早期定年制度）などを設置する企業も半分以上あるくらいですので、各社ともこの問題を深刻にとらえて対応しています。しかしこのような施策を実施しても短期間に年齢構成が適正化されるわけではありません。

平均年齢は長年の企業運営の結果の数字です。平均年齢をうまく管理するためには、毎年の採用・退職のコントロールを適正に行うことを継続しなければなりません。短期の業績が良いからといって新卒採用や若手中途採用を一気に増やしたり、逆に業績が悪いという理由で採用を抑制したりゼロにするような企業は理想的な年齢構成を維持することができません。企業の長年の採用、退職は人材フローによって形成されていますので、その企業の長年の人事管理のレベルが反映されている数字とも言えるでしょう。

短期の業績責任と中長期の経営責任・雇用責任のバランス

経営者は短期、中長期の経営責任を負っていますが、特に短期的な業績責任を強く要求されます。そのため業績が良くなれば、新卒採用を多くしたり、逆に業績が低下すると新卒採用を抑制、停止したりします。企業の文化やノウハウを継承する社員は業績にかかわらず常に一定の人数が必要になるため、〝総合職〟社員は業績にかかわらない採用をしなくてはなりません。短期の業績が良いからといって22歳から60歳までの38年にもわたる長期の雇用契約を多くすることや、短期業績が悪いから、将来の担い手を減少させることは、人事管理的には全くナンセンスなのです。

特に大量に新卒採用などを実施した企業は、数年間は良いとしても、その後様々な人事の問題が発生し長年苦しむことになります。経営者としての短期業績責任と中長期にわたる経営責任・雇用責任を再認識しなくてはなりません。

3分間チェック!

マネジメントのポイント

□平均年齢が高い会社は継続性に問題

平均年齢が45歳以上の会社の将来は明るくありません。今後10年、20年と継続して成長発展していくためには、平均年齢が高いことは極めて大きなネックとなることを理解しなければなりません。

□短期、長期経営責任

業績の良い時に大量の新卒採用をする経営者は長期の経営責任を果たしていないと言われる可能性があります。逆に短期の業績が悪いからといって、企業の文化やコアスキルを担う社員を補充しないことも同様です。短期の経営責任に偏重する経営になっていないかに留意しなければなりません。

□人員削減をやらないというスタンスを取らない

高齢化が進んでいる企業を健全な状態に維持するためには、人員削減などの雇用調整手段も経営施策として積極的に考える必要があります。

データ
11

5%を超える企業は新卒採用が困難になる
——自己都合退職率

自己都合退職率とは、一定期間（1年間）に在籍していた社員数のうち、自己都合での退職者の人数の比率のことです。日本では製造業が低く、小売・サービス業などが非常に高い傾向にあります。企業の雇用する力を表す重要なデータといえます。会社都合の退職（定年、解雇など）はこれに含めないで計算します。

自己都合退職率＝自己都合退職者／在籍社員数

自己都合退職率は雇用力の総合指標

多くの採用・教育コストを投下した社員が数多く退職することは経営にとって望ましいことではありません。労働市場が発達し働く側も多くの雇用先を選択できる世の中ですので、自己の都合で退職する社員が0ということにはなりませんが、それでもこの比率が一定のレベルを超えて高いことは、経営効率という観点で大きな問題です。

日本では企業規模や業種、地域によって大きく異なりますが、概して製造業は自己都合退職率が非常に低く1％前後（1年間で1000名の企業であれば10名の自己都合退職者）です。情報産業や小売・サービス業は非常に高く、5％～15％程度となります。自己都合退職率が10％は、1000名の企業で毎年100名が退職ということですので、企業規模を維持するために、100名を採用しなければ維持できないということになります。

この自己都合退職率は、企業の雇用力を表す重要なデータです。自己都合退職率は一定期間ごとに、企業全体、年齢別、組織別、パフォーマンス別などの様々な観点で経営として検証する必要があります。自己都合で退職する理由は個人別に様々ですが、企業に対する魅力、職場に対する魅力、キャリアに対する魅力のいずれかが好ましくないか他の企業のほうが良いために転職するということになります。

図表11-1 退職率による新卒採用人数

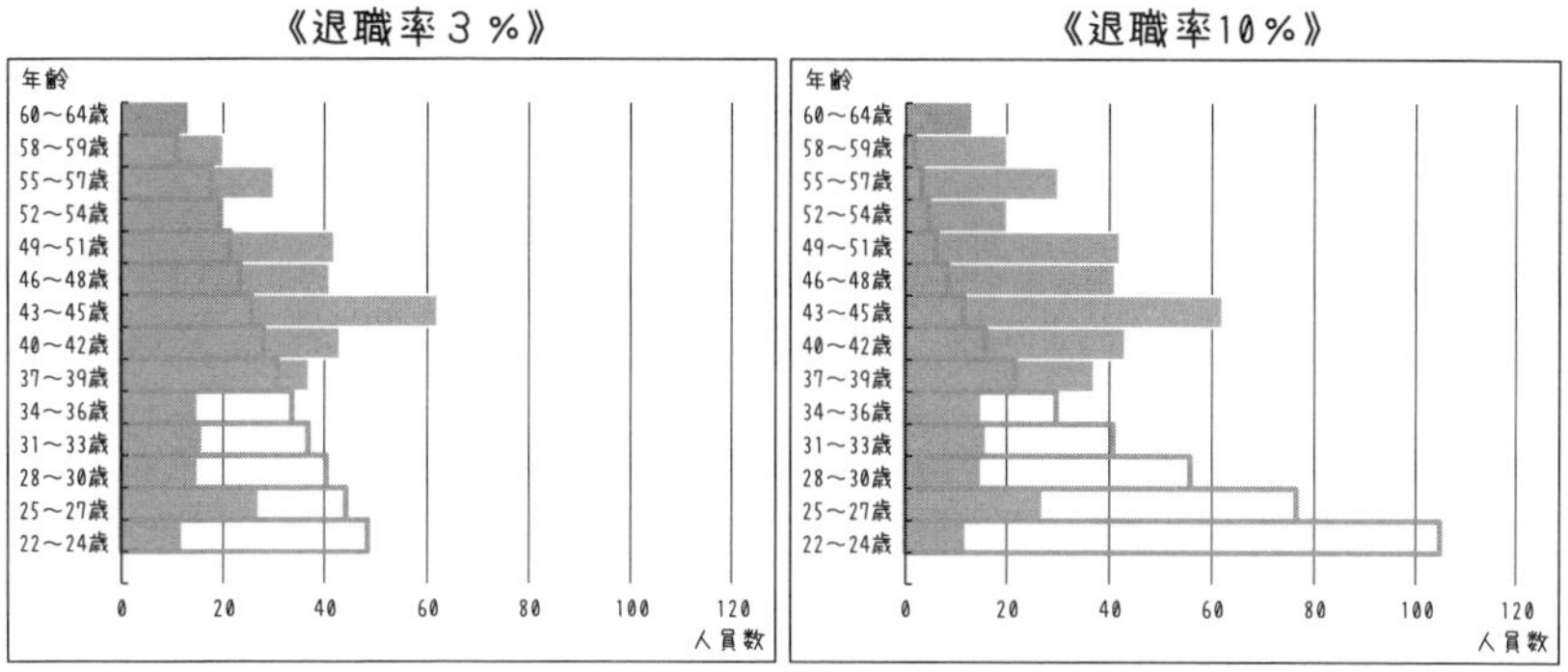

5%の壁

自己都合退職率は採用を考える上でも非常に重要なデータです。仮に新卒採用を主たる手段としている企業で、自己都合退職率が3%の場合と自己都合退職率10%の場合を比較してみましょう。

この企業で、現在人数を維持するために、毎年新卒採用だけで採用したとすると、3%の場合では新卒採用人数は15人程度でよいですが、10%の場合には40人弱を採用しなくてはなりません。一般に年代別の自己都合退職率は若いほど高いので、平均で5%でも20歳台の社員の自己都合退職率は10%程度であることが一般的です。

仮に全年齢で自己都合退職率が同じ場合で、退職率が3%未満であれば新卒採用が有効な手段となりますが、5%を超えると効率的ではありません。毎年多くの新卒を採用して、毎年多くの社員が退職することになます。しかもそれを新卒のみで採用するとなると、驚くほど多くの新卒社員を採用しなければ規模の維持ができません。一般に若い年代のほうが退職率は高いのでなおさらになります。自己都合退職率が５％を超えている企業は、新卒採用を主たる経路とするのは困難であり、中途採用がメインとならざるを得ないのです。自己都合退職率は３％が黄色信号、５％は赤信号であるということです。

退職率に影響を与える３要素

退職率は企業によって大きく異なります。社員が退職する理由は様々ですが、一般には３つの大きな要素があると言われています。まず〝企業の魅力〟です。ブランド、商品・サービス、イメージなどが魅力ある企業は社員をひきつけます。別な言い方をすれば経営方針や具体的な経営施策の魅力とも言えます。次に〝職場の魅力〟が挙げられます。企業が魅力的でも、毎日通う職場が働きやすくなければ社員が退職してしまいます。職場環境や人間関係が良好であることも重要な要素となるでしょう。３つ目は〝キャリアの魅力〟です。社員が実際に携わる仕事そのものであるとか、労働条件、給料などです。また実力や成果によって公正に評価されることなども重要な要素になります。人事の魅力とも言えるでしょう。

退職率の高い企業はこの３つの要素に問題があります。近年は労働市場が発展しているので、自社に問題がなくとも他社のほうがこの３つの要素が高ければ転職してしまう可能性も発生します。自社内の視点で議論するのではなく、他社との比較で判断しなくてはなりません。

望ましい退職率マネジメント

１００名の大学新卒社員を採用する場合、退職率が年３％平均とすると、40歳時点では約60名、60歳定年を迎える社員は約30名となります。これが５％になると40歳時点で40名、定年を迎える社員は15名となります。40歳時点で１００名採用した社員のうち60名は退職してしまうことになるのです。さらに７％の高い退職率だと40歳時点で30名も残っていません。退職率が３％を超え始めると経営的には非効率であるため、低減させるための具体的な施策が必須となります。

退職率をマネジメントするためには、定期的に社員のモチベーションの調査を行わなくてはなりません。退職を左右する要素の中で、何が強く弱いかを正確に分析しなければ、効果的な対策を講じることができません。モチベーションサーベイ、従業員満足度調査と言われる調査を少なくとも年１回行うことが効果的です。

経営者、管理者の中にはこの調査を嫌う人も少なくありません。調査の結果が悪く出ることに対する恐れや嫌悪であったり、調査結果に対して社員に対して何らかの施策を提示しなければならなくなると考えるからです。しかし退職率３％を超える企業は経営的に大きな問題や課題があり調査は必須であると再認識しなければなりません。

3分間チェック！

マネジメントのポイント

□3％は黄色信号、5％は赤信号

退職率が3％を超える企業は新卒社員での採用が非効率となります。また5％は新卒社員採用を主たる手段とすることが困難になるラインです。自社の退職率のデータを正確に知ることが重要です。

□社員の退職を決定する3つの要素

社員の退職に大きな影響を与える要素は、企業の魅力、職場の魅力、キャリアの魅力の3つです。この3つの要素が総合されて退職率が決定されることになります。また他社との比較をする必要もあります。

□退職率のマネジメントには調査が必須

退職率を低減させるためには、正確に現在の状況を把握しなければなりません。モチベーション調査を定期的に行い、どのセグメントの社員のモチベーションにどのような問題があるかを正確に把握し、有効な対策を講じなければなりません。

データ 12

20年後のために採用する

――理論新卒採用人数

理論新卒採用人数とは、企業が継続的、安定的に事業を運営していくために必要な〝新卒〟採用人数です。仮に、自己都合退職が全くない会社であれば各年齢に同じ人数だけ在籍することで、現在の人員数を維持できることになるため、新卒採用人数も定年退職人数も40歳の在籍人数も同数になります。どの企業でも、実際には自己都合退職が発生しますので、その分も考慮した人数が理論新卒採用人数ということになります。

理論新卒採用人数＝総人員数／（定年年齢－新卒採用年齢）＋自己都合退職分の人数

後継者が誰もいない

理論新卒採用人数とは、企業が継続的、安定的に事業を運営していくために必要な新卒採用人数です。実際の採用人数がこれよりも少なければ、将来、現在の体制を維持することは難しくなりますし、多ければ、総人数が増えていくということになります。今年の新卒採用は何人にするかというのは、現在の人手を確保する以上の重要な判断なのです。

例えば、今の部長の半数が3年後に定年退職を迎えるにもかかわらず誰ひとりとして後継人材がいない、という企業が現実にあります。定年後も再雇用として役職にとどまり続ける人材というのも珍しくありません。当の部長が育成責任を果たしていないということもありますが、そもそも候補人材の母数が圧倒的に足りないのです。「次世代リーダー育成」と銘打って候補人材を選抜して定年までの3年間で部長に育て上げようとするものの、選抜人材はいずれも40歳代前半というような、世代間の隔たりが20年近くあったりするのです。製造現場などの技術伝承でも同じことが言えます。団塊世代の大量退職に備えた技術伝承に奔走した企業も多かったのではないでしょうか。

経営資源のヒト・モノ・カネというように、経営には〝ヒト〟が不可欠です。機械化が進んだとはいえ、機械を動かす人や設計する人、新しい事業やその売り方を考える人が、今はまだ必要です。管理職のように社内外の調整を行い、まとめあげていく人も必要です。そのため、その時々の必要な能力を持った人材が〝社内にいる状態〟にしておく、というのが経営にとっての重要事項の1つといえ

図表12-1 理論新卒採用人数

◆自己都合退職を考慮して新卒採用する

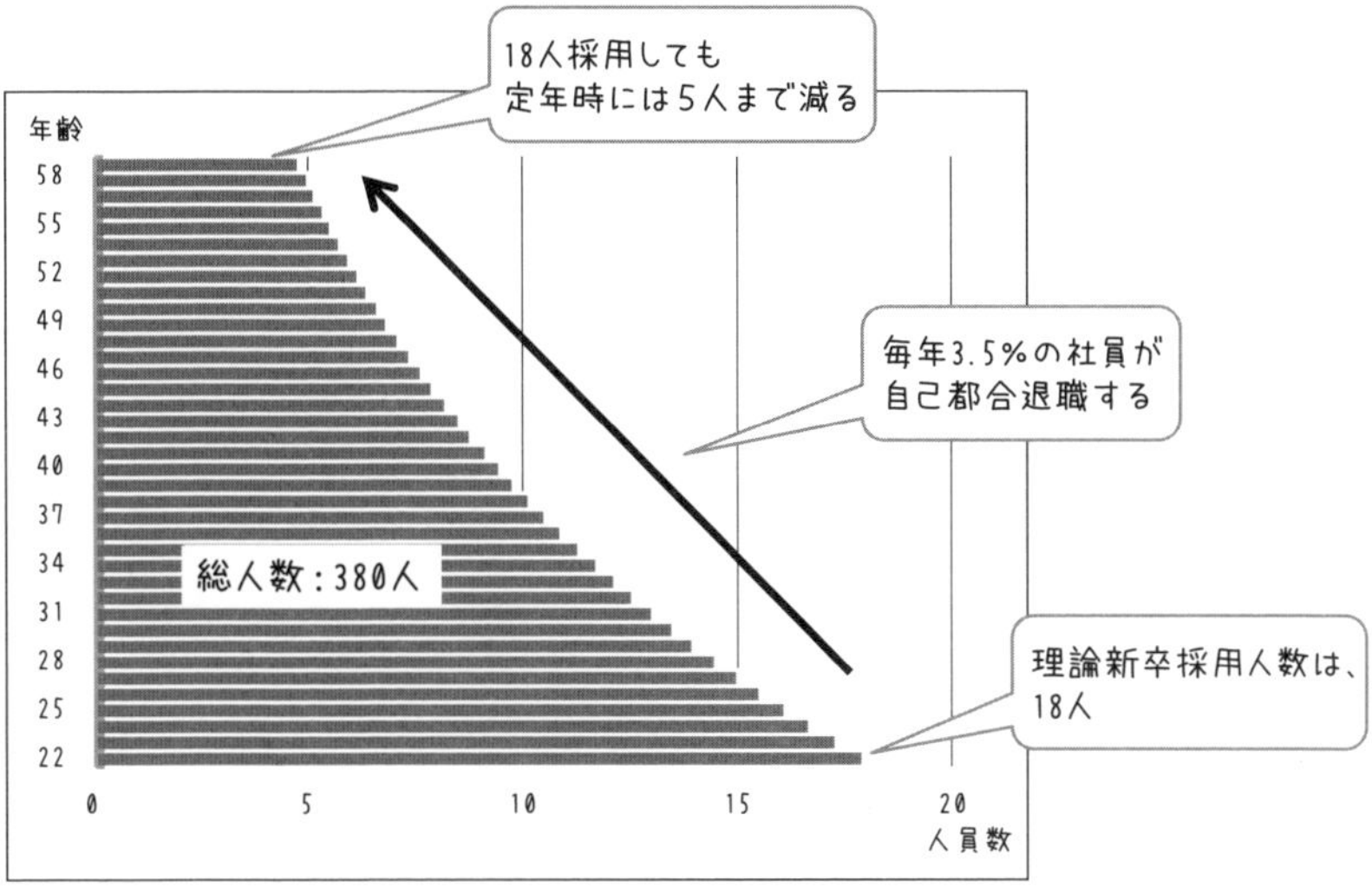

ます。

一方で、日本の雇用慣行では新卒一括採用・社内育成が主流です。必要な能力を持った人材が社内にいる状態にするためには、新卒採用し、時間をかけて育成していくことになるでしょう。つまり、15年後、20年後の課長を調達するために、今、新卒採用するということです。中途採用の労働市場も以前に比べると活性化しているものの、世界的に見ても失業率の低い日本では、必要な人材を必要な人数調達するのは容易ではありません。ある営業支店の支店長ポストが空いたからといって、すぐに採用できればいいのですが、実際には社内でふさわしい人材を探して配置しているのではないでしょうか。

必要になったら雇って、必要なくなったら辞めてもらえばいいのですが、そうはいかないからこそ将来を見据えた新卒採用が重要なのです。

20年で半減する新入社員

それでは、いったい何人新卒採用するのが正しいのでしょうか。現場の意見を集約して決定するという企業があります。また、定年退職者の人数分採用する、という企業もあります。いずれも正しいとは言えません。現場の意見は、その時々の景気（繁閑）に左右されることが多いですし、定年退職者の人数も短期的には同じ人員数を維持できるように見えますが、現実には定年以外に自己都合退職が発生しますので、結果的には中途採用をしない限り総人員は減るでしょう。業界や年齢によって違いはあるものの平均的な自己都合退職率が3・5％だとすると、100人採用した新入社員は、20年で50人を切ります。定年退職者の人数分新卒採用した場合、その社員が定年を迎えるころにはその4分の1になっていることになります。

つまり、正しい新卒採用人数とは、各年齢に必要な人数に想定される自己都合退職者を足した人数です。なお、各年齢に必要な人数とは、総人数を就業年数で割った人数です。大卒を採用する60歳定年の380人の会社であれば、380／38＝10人がそれにあたります。自己都合退職率が3・5％だとすると、正しい新卒採用人数は17・93人、毎年18人採用すればよいということになります。

43年の雇用責任期間

日本の法律下では、企業で従業員の定年を定める場合は60歳以上でなくてはならないし、さらにそのあとも希望すれば65歳まで雇用し続けなくてはならず、その間容易に辞めさせることはできません。つまり、22歳で新卒採用した社員の雇用責任期間は43年間もあるのです。一方で採用計画は、数年スパンの中期経営計画や、場合によっては直近の業績に基づいて採用人数を決定していることもあるでしょう。3～5年の増産計画や直近の業績と43年の雇用責任期間ではあまりにもギャップがあります。また、意思決定者である経営メンバの任期も多くが5～10年ではないでしょうか。現在の後継者不足も技術伝承の断絶も、元をただせば30年～40年前の経営者の意思決定によるものなのです。新卒採用人数とは、社内では最も人件費単価の低い人材であるし、短期的には人手をどう確保するかは考えても、40年先の会社の存続までは考えられていないのではないでしょうか。将来の経営を考えた場合、新卒採用を何人にするかは重大な責任を伴う数字なのです。

短期的な業績や繁閑で新卒採用人数を決めるなどもってのほかです。将来、後継者が1人もいない、技術伝承の断絶を防ぐためには、自己都合退職率と中途採用をしにくく容易に辞めさせることができない日本の雇用環境を考慮して、採りすぎず、採らなさすぎず、計画的な採用が重要です。

3分間チェック！

マネジメントのポイント

□将来のために継続的に採用する

新入社員は、将来の課長・部長候補です。数十年後に後継者不足で対応に苦労しないように、継続的・計画的に採用することが重要です。

□自己都合退職も考慮する

全ての新入社員が定年まで勤め上げるわけではありません。新卒採用時には、自己都合退職人数も加えて考える必要があります。

□43年の雇用責任を重く受け止める

企業には、新卒採用した後、65歳までの雇用責任があります。業績がいいから、人手が足りないからといって、一時的に大量採用しても、65歳になるまでは急激に減らすことができません。自社では何人の新卒採用が適正なのかを十分考慮して採用する必要があります。

データ13

売上高人件費比率よりも正確な数字
――労働分配率

労働分配率は、人件費が適正な額であるかを判断するための最も重要な指標です。付加価値の中に占める人件費の割合のことです。他にも売上高人件費比率などが多用されるが、もっとも正確な指標といえます。

新たな稼ぎの中で人件費にどの程度投下しているかを判断するためのデータです。経営的には一定の範囲内であることが望ましいといえます。そのためには人件費をコントロールする機能を持たなくてはなりません。

労働分配率＝人件費／付加価値

＊付加価値…企業が新たに生み出す価値。人件費、営業利益、賃借料、金融関連費用、租税公課の合算。

人件費は最大コスト

企業経営にとって、人件費は最も大きなコストです。企業が活動していく上で様々なコストが発生しますが、その中でも多くの企業では人件費は最も大きな比重を占めています。逆に言えば企業が毎年利益を上げていくためには、もっとも大きなコストである人件費コストをコントロールすることが必要ということになります。人件費をコントロールできなければ、業績が良かろうが悪かろうが、伸縮できずに固定となってしまいます。業績が良い時には人件費コストは小さく、業績が悪い時には人件費コストが大きくなってしまうということです。したがって毎年安定して利益を上げていくためには、業績に合わせた人件費のコントロールが必要ということになるのです。経営者や管理部門、人事部門は、人件費が利益を上げるための制約にならないように、柔軟にコントロールしなければならないのです。

最大コストである人件費をうまくマネジメントするためには、〝基準〟が必要となります。人件費がいくらであれば妥当であるかという基準ということです。自社の人件費が適正な金額であるかをしっかりと管理している企業はあまり多くありません。特に企業規模が大きくなるほど人件費の管理は〝アバウト〟に行われることが多く見られます。経営者に自社の人件費は適正な額と思うか？　という質問をしても明確な回答がないことが多いのです。管理部門も同様です。業績が非常に悪い時を除いて、平時では人件費はあまり厳格に管理されていないのです。

図表13-1 主要産業別労働分配率

（単位：％）

産業分類区分	主要産業合計	製造業	情報通信業	卸売業	小売業	クレジットカード業、割賦金融業	物品賃貸業	飲食サービス業	生活関連サービス、娯楽業	サービス業（他に分類されないもの）
労働分配率	48.8	47.3	56.5	54.3	50.4	30.5	22.6	63	47.5	70.6

出所：経済産業省「企業活動基本調査」（平成27年）

自社の人件費の適正さを判断する

人件費をコントロールするためには〝基準〟を決めなくてはなりません。一般的によく用いられる代表的な基準は、〝売上高人件費比率〟です。売上の中で人件費にどの程度配分しているかという指標です。非常に簡単な指標で、人件費総額を売上で割り算するというものです。結果は○○％という形で表示されることになりますが、この数字が高すぎると人件費が多くかかりすぎているという判断になるでしょうし、逆に少ないと社員への配分が少ないともいえるかもしれません。売上高人件費比率は、各企業に共通の絶対的な値がありませんので、高いか低いかという判断は企業の過去の数字と比較しなくてはなりません。仮に10年間この数字を計算してみたところ、平均で70％であり、昨年が80％だとしたら、昨年は人件費が多かったということになります。要は企業の過去の数字と比較するという考え方ということになります。

この売上高人件費比率はすぐに計算でき非常に便利な反面、正確な数字ではありません。売上は企業の商取引の大きさを表すものであり収益を表すものではないからです。企業活動で新たな価値をどの程度生み出したかが問われるので、売上よりも〝付加価値〟が重要となります。企業活動で新たに生み出された価値と人件費の関係を見ることで適正さを判断することが最も妥当です。

適正な人件費を判断する指標としてもっとも正確な数字は〝労働分配率〟という指標です。これは企業の付加価値（新たに生み出す価値）の中で人件費にどの程度分配しているかを見るものです。付加価値は人件費と利益と賃借料、租税公課などの合計で、企業活動により生み出される価値を表しています。この価値の中で人件費がいくらかということがもっとも妥当な数字ということになります。

自社の労働分配率は毎年定期的に把握・管理されることが望ましいでしょう。過去の推移をみることによって、現在の分配率の高低を判断することができます。また公表されている統計（金融庁、財政統計月報など）から、同業種同規模の労働分配率と比較することで、他社との差も把握できます。できれば事業・サービス別などの分配率も管理されるとさらに経営に様々な情報を提供してくれることになります。

社員から見た分配

業績がどうであろうと賞与が一定の企業と業績によって賞与を変動させる企業はどちらが望ましいでしょうか。どちらが一方的に良い悪いということではありませんので、それぞれメリット・デメリットがあります。

業績と関係なく賞与が一定の企業は、社員の雇用の安定、安心感があります。また人件費の管理を厳格に行う煩雑さがありません。逆に社員にとって会社の業績に意識が薄くなります。目の前の仕事は一生懸命取り組んでも、新しい価値や市場を意識した行動は促進されませんので、改革、革新する力が乏しくなります。逆に業績によって賞与を増減する企業は、賞与一定の企業と逆のメリット・デメリットになります。

安定したビジネスモデルで、今後も市場や技術の大きな変化がない企業では、ノウハウの委譲や文化の継承が重要であるので、業績によって賞与を大きく変える必要性は高くありません。逆に環境変化の激しい企業は、厳格な人件費管理が必要であると同時に、社内文化的にも改革革新を推進することが求められます。社員にとっても業績の増減分が自分の賞与に跳ね返ってくるため、非常に重要な指標です。社員から見てこの分配率は、成果と報酬を経営がうまくコントロールしているかを判断する上で重要な指標なのです。

労働分配率を定点観測する

日本の企業は製品の製造コストなどは非常に厳格に管理します。しかし、もっとも大きなコストである人件費を厳格に管理している企業は多くありません。自社の労働分配率を知らないということは最も大きなコストを管理できていないということになります。経営者、管理職、人事部門として最低限知っておくべきデータであることを再認識しなければなりません。

3分間チェック！

マネジメントのポイント

□人件費は最大コストである

人件費は経営の中で最も大きいコストです。この最大コストが適正であるかを判断し、うまくコントロールできることで、より利益のコントロールが容易になります。

□人件費指標を定点観測する

労働分配率、売上高人件費比率などの人件費指標を定期的に測定して、健全性を検証することが重要となります。他社との比較や事業別の指標管理を行うことによって、さらに経営管理のレベルを向上することができます。

□環境変化に対応する社内文化をつくるために

環境変化に柔軟に対応するためには、社員も環境を認識する機能が必要となります。そのためには、業績によって社員の処遇を増減させる仕組みをより強化する必要があるかを判断しなければなりません。

データ
14

業績に連動してコントロールする①

――人件費伸縮性

人件費伸縮性とは、企業の業績が変化したときに人件費が適正に伸縮、連動しているかを判断するための指標です。

通常前年より業績（売上や粗利）が上昇すれば、人件費も上昇し、逆に業績が低下すれば人件費は減少することが望ましいです。これは、業績の増減と人件費の増減が同じ動きということになります。

業績の増減率がプラスであれば人件費の増減率がプラス、マイナスであれば同じくマイナスであることが望ましいということです。

業績の増減率＝（当年業績－前年業績）／前年業績

人件費の増減率＝（当年人件費－前年人件費）／前年人件費

環境変化に強い企業とは

人件費は企業内のあらゆるコストの中で最大のコストであることが多いですが、この人件費はともすると固定的になってしまいます。最も大きなコストが固定的であると、利益をコントロールすることが制限されることになります。確かに業績が下降したからといって、その比率分直ちに人件費を減少させることは困難ですが、人件費の中でも変動的な部分をうまくコントロールすることにより、業績の変化に対応する人件費構造を作ることができます。今後も経営環境は変化し続けます。環境が変化しても企業が安定した利益を出していくためには、最も大きなコストである人件費のコントロールを強めることが重要となります。

この人件費のコントロール、業績連動は、環境変化の激しい業界では非常に重要な経営施策となります。業績好調時にはあまり人件費管理を意識してこなかった企業などは、業績が低下してもすぐにコントロールすることができません。業績下降時に直ちに人件費を減少させることができることが、環境変化に強い人件費構造ということになります。多くの企業は業績が低下してもすぐに人件費を減少させることはしません。業績下降が複数年続く、赤字となるなどの状況で人件費を減少させることが多く見られます。これは売上の増減に対して、人件費は期がずれて緩やかに連動しているということです。この連動のスピードを速めることが求められています。例えば業績が低下しても社員に対して前年と同じ賞与を支払っていれば、人件費の負担が大きくなるので、業績に連動した賞与のほうが

図表14-1 人件費伸縮（連動）性

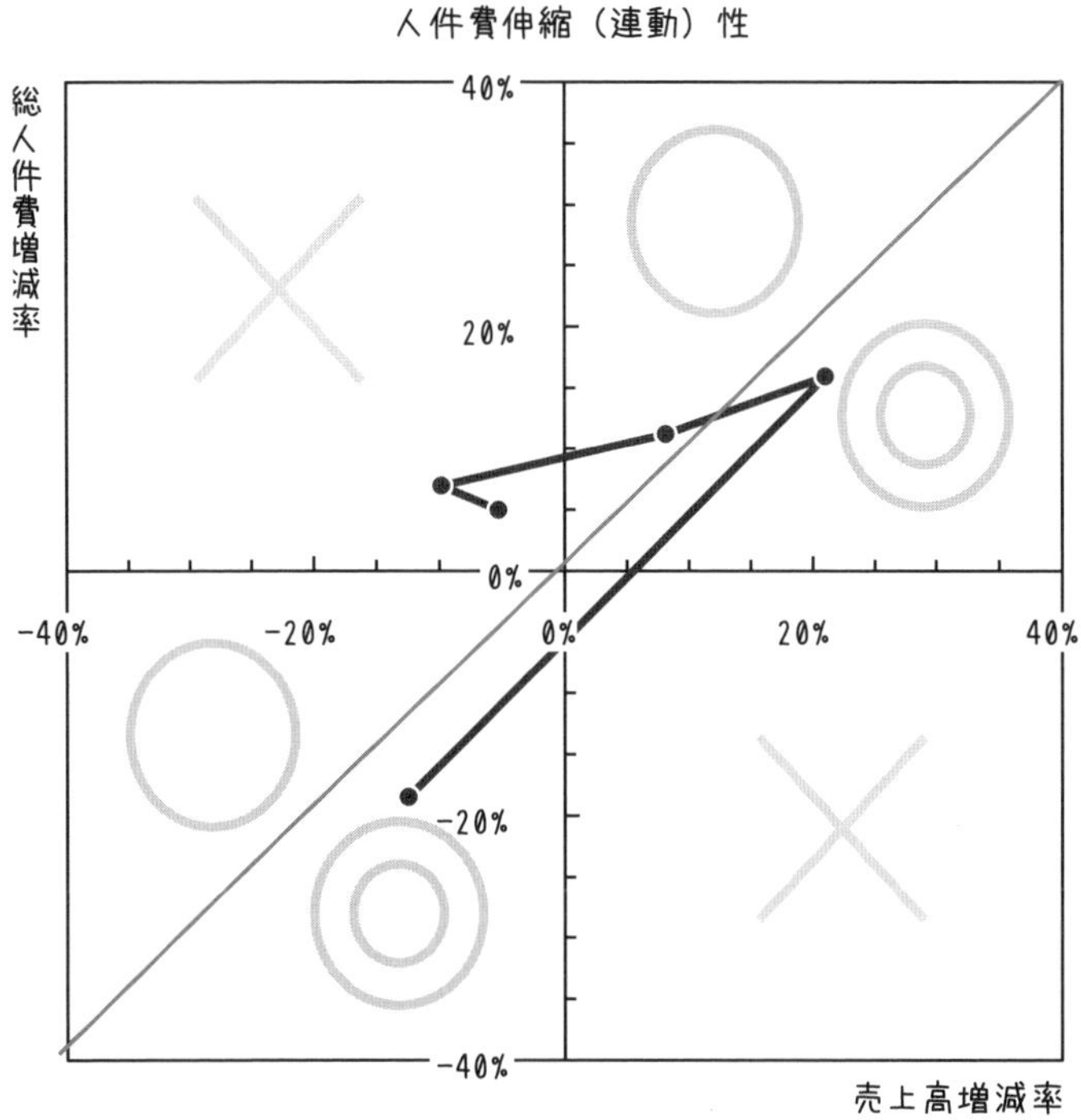

図表14-2 売上高増減率・人件費関連指標増減率

指標	2009年度	2010年度	2011年度	2012年度	2013年度	2014年度
売上高増減率	-	-12.5%	21.0%	8.1%	-9.8%	-5.3%
総人件費増減率	-	-18.5%	15.9%	11.2%	7.0%	5.0%
売上高	18,853	16,495	19,962	21,585	19,459	18,427
総人件費	2,121	1,729	2,004	2,228	2,383	2,501

経営的には望ましいということになります。株主視点に立てば、人件費の管理を厳格にすればより利益が出ていたはずであると言われるでしょう。

人件費の伸縮と社員意識

企業活動は規模のメリットがありますので、売上が増加すればより利益が出やすくなります。これは売上の増加によって固定的なコストが薄められることによるからです。しかし逆に売上が減少すると利益率は大きく低下することになります。コストの中で固定的な比率が高いとこのような傾向が非常に強くなります。

売上が増加したときに人件費が固定であればその分利益が上がります。しかし売上増加により社員に対して、賞与を多くするなどを行うことによって、モチベーションは上がるでしょう。さらに業績向上を望めますし、また社員の定着も促進できます。逆に売上減少の時には人件費の減少ができるようにすれば、利益の大幅な落ち込みを防止できます。

業績が伸びた時に賞与が多く、減少時には少なくなる仕組みを導入することによって、社員も企業業績や経営に対する意識が高まることになります。人件費が業績と連動しない企業では、利益コントロールができない上に、社員の業績に対する意識が高められません。顧客、市場、サービスなどビジネスを追求する文化が醸成されないとも言えるでしょう。

正規社員人件費の業績連動

企業における社員は、固定的な雇用の正規社員と、契約社員・パートアルバイト社員などの非正規社員から構成されます。正規社員は〝期間の定めのない雇用〟ですので、短期に変動しても都度人数を増やしたり減らすような人数のコントロールが困難です。人件費は〝人数×人件費単価〟ですので、正規社員の人件費をコントロールするためには、人数でのコントロールは困難となり、人件費単価でコントロールすることになります。人件費単価とは、主に月給と賞与ということになります。月給のうち、短期に変動が可能であるのは超過勤務手当（残業代、休日出勤手当など）です。この超過勤務手当は社員平均で20時間／月であれば月給の10％以上となります。この超過勤務手当がうまくコントロールされれば業績連動に大きく寄与するでしょう。そのためには超過勤務手当を実際に管理しているミドルマネジメントの能力や意識が重要になります。

次に賞与ですが、一般に賞与は年間2カ月～6カ月程度で平均して4カ月前後の企業が多いです。日本において賞与は、生活保障給的な意味合いを持っています。そのため業績が悪いからといって賞与をゼロにすることは現実的ではありません。しかし業績によって一定の範囲で増減する機能を持つことによって人件費の業績連動は促進されます。標準的に4カ月の賞与を支給する企業で、業績が悪い時には最低2カ月、業績が良い時には6カ月程度のように、4カ月のうちの半分を業績によって変動させることができれば、正規社員の人件費の15％程度が変動費化できます。企業によっては決算の状況によって期末に決算賞与という形で支給する企業も多くなってきています。

この超過勤務手当と賞与をコントロールすることによって、正規社員の人件費も20～30％は変動可能となります。

非正規社員人件費の業績連動

非正規社員は契約社員やパート・アルバイト社員などの期間を定めた社員となります。正規社員と異なり、非正規社員の人件費単価は月額○万円や時給○円といった固定的に定められていることが普通です。この非正規社員の人件費を業績に連動させるには、業績によって人数をコントロールすることになります。正規社員は企業のコアとなる業務を担う社員であることから、期間の定めのない雇用ですが、非正規社員は必ずしもコアの業務ではなく、定型的、単純な業務を担っています。そのため基本的には売上が減少すると業務量も減少し、必要人数も少なくなることになります。そのため業績による人数コントロールが適正に行われることが必要です。これも各組織のマネジメントを担う社員が非正規社員の雇用を適時適切に管理できるかにかかってきます。

人材ポートフォリオの重要性

近年では日本国内で人手不足の状況になりつつあります。さらに今後は社会的要請から非正規社員も安易に雇止めすることが困難になってくるでしょう。また人材不足の中で一度雇止めしても、また必要になったときに代替の人材が即座に調達できる保証はありません。このような状況の中で、人件費のマネジメントを行っていかなくてはなりません。そのためには、企業に必要な人材、マンパワーを再整理する必要があります。必要な人材とその雇用や契約の在り方を再度見直すことが重要となります。

企業の業務の中で、正規社員が担う業務、非正規社員が担う業務、また外部のリソースにアウトソースできる業務がありますが、日本企業は正規社員、非正規社員の雇用を中心に据えて、アウトソーシングの活用が遅れています。正規社員は企業のコアノウハウ、文化を継承する社員ですので、多くの企業ではもっと少なくてよいのです。あとは企業独自のスキルを教育しなければならないのであれば非正規社員を雇用することになりますが、短期間の教育で担当できる業務などは非正規社員として企業が雇用するかアウトソーシング会社に委託するかを検討すべきでしょう。例えば経理業務などは、重要な意思決定できる管理職社員がいれば、伝票の起票、決算、売掛金管理などの業務はアウトソーシングが可能です。日本の企業は理論的・合理的には雇用ではなくアウトソーシングすることが妥当な業務の多くを、内製化している傾向が非常に強いといえます。環境変化に強い人件費構造をつくるためには、社員が担当するべき業務とアウトソーシングするべき業務のバランスを見直す必要があります。アウトソーシングの活用も含めて、企業が必要な人材の種類と人数を〝人材ポートフォリオ〟といいますが、企業に合ったポートフォリオとすることが、必要ということです。

3分間チェック!

マネジメントのポイント

□業績に合わせて人件費を伸縮させる

企業の業績が変化しても利益が出やすい体質にするためには、最大のコストである人件費を伸縮できるマネジメントが必要となります。人件費が適正に伸縮しているかを定期的に把握することが重要です。

□正社員の単価コントロールと非正社員の人数コントロールが機能しているか

人件費を伸縮させるには、正社員の〝単価〟をコントロールしなければなりません。特に賞与の業績連動を検討することが効果的です。また非正社員の人数コントロールが適正に機能しているかを把握することが必要です。

□ビジネスモデル、ビジネスボリュームに合った人材ポートフォリオ

自社のビジネスモデル、ビジネスボリュームで求められる人材を明確にします。必要な人材像を明確にするとともに、正社員、非正社員、派遣、アウトソーシングのベストな組み合わせ（ポートフォリオ）を維持管理することが求められます。

データ
15

業績に連動してコントロールする②
——賞与業績連動性

賞与業績連動性とは、賞与原資が業績の変化に応じて適正に伸縮しているかどうかを表す指標です。

代表的な指標である営業利益との関係で見た場合、毎年自社では賞与配分前の営業利益に対してどの程度賞与原資に配分したかを見ることでその傾向を見ることができます。

縦軸に賞与原資、横軸に業績指標をとってプロットしたときに描かれるグラフの傾きによって連動制を判断します。

人件費における変動費は賞与と残業だけ

賞与業績連動性は、賞与原資と業績にどの程度の連動性があるかを表した指標で、業績が良いときにより多くの配分がなされ、悪いときには少なく配分されているのが望ましい状態です。

賞与とは、その期に会社がどの程度稼いだかに応じて支払われる、成果配分の性質があります。業績が良いときには「決算賞与」「業績賞与」などが追加され、逆に業績が悪くなると「賞与○%カット」「賞与なし」となることもあります。景気の良し悪しを測る指標として一時金の見通しが使われることからも、企業の業績状況を表していることがうかがえます。ちなみに、人材流動性が高いアメリカでは〝失業率〟が景気指標として用いられます。これは、業績が良くなれば人を雇い、悪くなれば解雇することが日本に比べると格段に容易であるためです。日本ではこのように簡単に人数の調整ができないため、景気が良くなれば残業が増えるし悪くなれば減る、さらに悪くなれば賞与も減らして利益を捻出するといったところでしょうか。つまり、正社員雇用を中心とした多くの日本企業は、業績に応じて人件費をコントロールしようとした場合、残業代と賞与をコントロールするしかないのです。非正規社員の人数をコントロールするという考え方もありますが、雇用法制では、固定的な雇用にシフトしています。残業以外の月給も、成果給などを除けば労働法に守られている部分がほとんどですので、業績に応じて増やすことはできても減らすことは難しいのです。

図表15-1 賞与業績連動性

◆会社業績と賞与原資、個人業績の連動性を把握する

<会社業績と賞与原資の連動性を把握する>

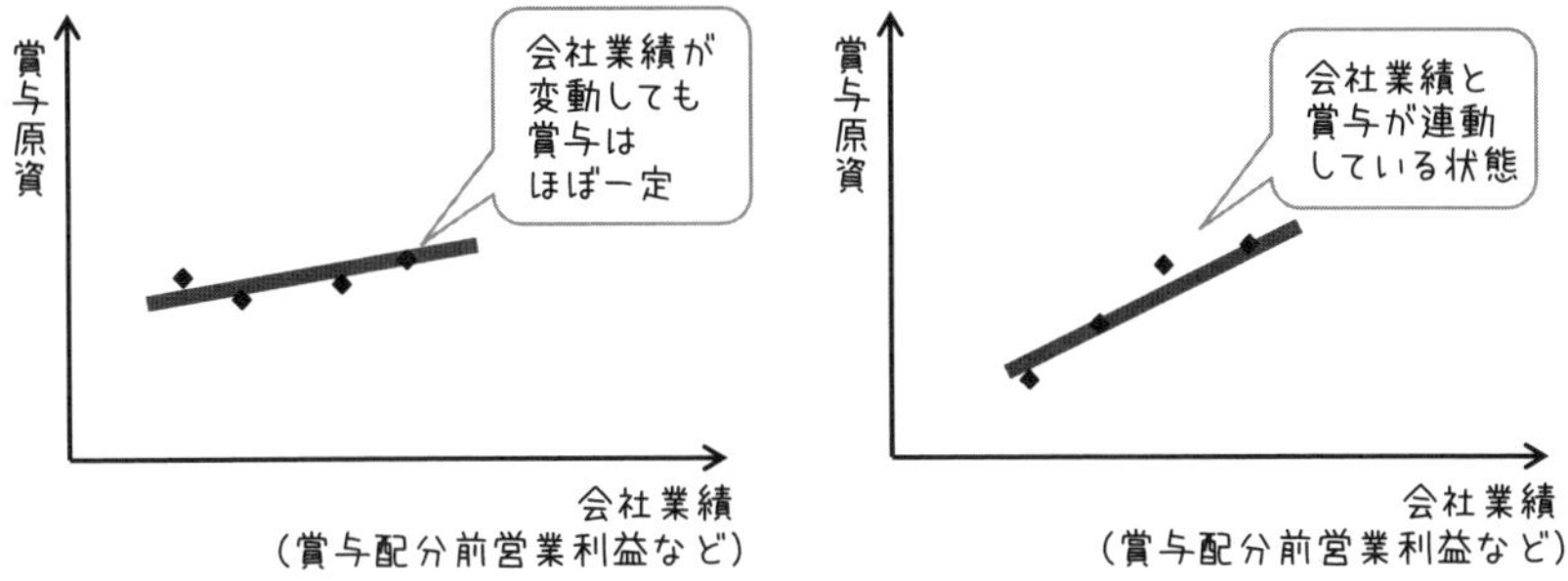

<会社業績と個人業績の連動性を把握する>

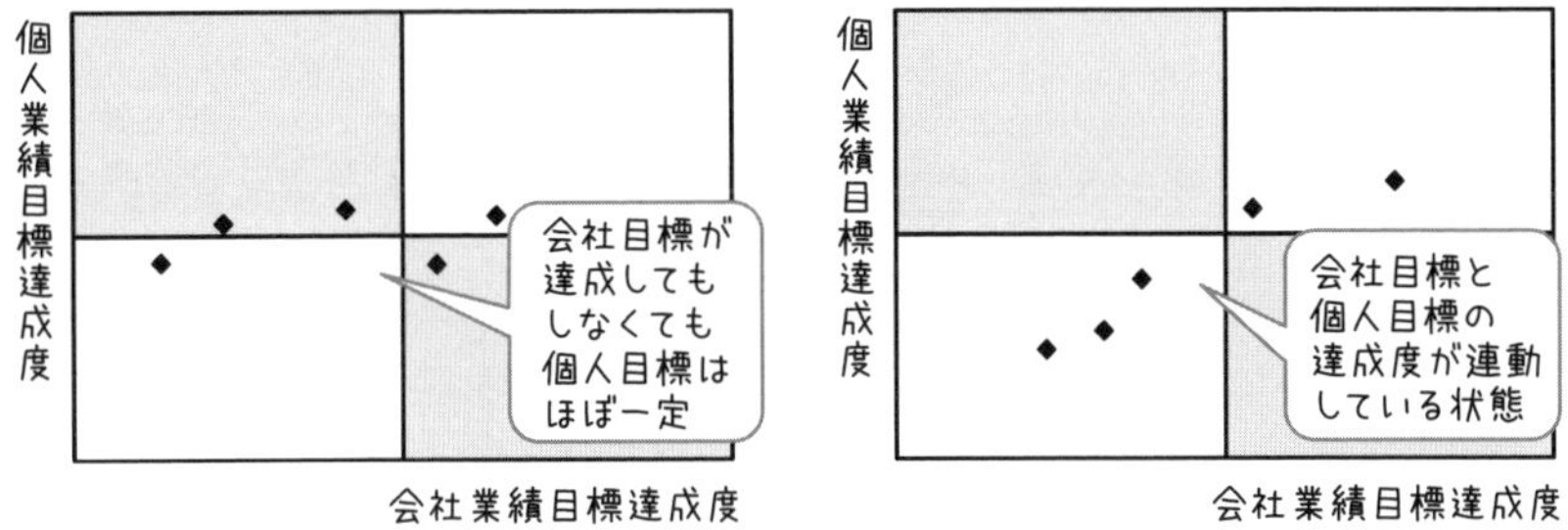

賞与は変動しているか

人件費における変動部分の1つである残業に関して言えば事業ボリュームが増えて忙しくなった場合には当然増えるでしょうし、逆の場合であっても現場管理職がしっかり業務をコントロールしていれば自然と減るものです。

それでは、もう1つの賞与はどうでしょうか。自社の賞与の払い方を定量的に確認するには、営業利益などの業績と賞与原資の額をグラフ上にプロットしてみるとわかります。右肩上がりの傾きができていれば、業績と

賞与との連動制があるということになります。逆に業績が変動しても賞与原資が変動していなければ傾きが小さい、あるいは傾きがない状態になります。

賞与は、成果配分の性質がある一方で、生活給であるという考え方もあります。家のローンも車のローンも毎月の返済以外に「ボーナス払い」があることからもそう言えるのではないでしょうか。それは、社員側だけではなく経営側にも言えることです。結果として、業績が大きく変動していても賞与は前年など過去の水準を基におおむね踏襲する形で決定する、よほどのことがない限り上げたり下げたりしないという企業も珍しくありません。また、業績に連動させているつもりでも実際にはそうはなっていないケースもあります。例えば個人業績結果を積み上げている場合、実際の評価結果が正規分布することなどないので、何らか調整をしなければ偏りが出ます。標準評価で賞与2カ月とした場合も、高評価の社員が多ければ賞与原資も当初想定より多くなりますし、低評価の社員が多ければその逆になります。会社業績と個人業績の合計が一致していれば問題ないですが、現実的にはそうはいかないものです。会社業績と賞与原資との連動制だけでなく、会社業績と個人業績との連動制も把握しておく必要があります。

業績連動型賞与は企業の活力を高める

人件費コントロールの面から、業績連動型賞与を導入する企業が増えています。生活給の側面はあるものの、やはり賞与とは成果配分であり、よほど業績が安定していない限り毎年同じということはないということです。これは、経営として利益をコントロールする効果だけを狙ったものではありません。

業績連動型賞与とは、業績に応じて賞与原資を増やしたり減らしたりするものなので、当然増えることもあります。会社として「利益が上がった分だけ賞与として還元する」メッセージを強く社員に発信すれば、業績に対する意識も高まるでしょう。社員からすれば、日頃の様々な取組みの結果として業績が向上してその分賞与も増えれば、さらなる業績向上に向けて取組みを強化しようという意識が働くでしょう。逆に、業績が良くても悪くても賞与が変わらなければ「やってもやらなくても同じ」という意識が働いて、1人ひとりの成果にはつながりにくくなります。人材や価値観が多様化していく中で企業としての力強い成長を望むのであれば、短期的な活動の結果に対しても報酬という明確なメッセージが必要です。

賞与を生活給ととらえる企業の中には赤字になってまで賞与を払う企業もあります。社員の生活の安定と引き換えに、その活力を犠牲にしているともいえます。自営業などと違って会社員という長期雇用で生活が保障された身分でありながら、世間や会社の状況がどうであっても自分の生活（給料）には何の変化もないということでは、あまりにも刺激がなさすぎるでしょう。業績連動型賞与は、長い職業人生の中でモチベーションを保つ原動力にもなるのではないでしょうか。

3分間チェック！

マネジメントのポイント

□変動費である残業代と賞与は常に意識する

主要なコストである人件費のうち、貴重な変動部分である残業代と賞与は常に意識しておく必要があります。残業代は、現場のマネジメントにかかっていますが、賞与は経営の意思決定にかかっています。

□定量的に把握して業績連動している〝つもり〟を防ぐ

個人業績に応じた賞与の積み上げや最終調整などによって、業績連動しているつもりでも結果として異なる動きをしていることがあります。定量的に把握することで、結果としての業績連動が重要です。

□業績連動型賞与でモチベーションを高める

業績に応じて賞与を変動させることで、社員の業績意識も高まります。社員の日頃の活動を刺激的にし、モチベーションを高めるためにも業績連動型賞与は効果的です。

データ16

同業他社・自社の過去と比べる

――労働生産性

労働生産性とは、1人当たりが生み出した付加価値のことであり、社員がどれだけ効率的に成果を生み出したかをデータで表したものです。同じ人数で運営している企業であっても生み出される付加価値が異なるということになるので、企業の競争力を測る指標といえます。

以下の式で算出できますが、分母をマンアワー（社員数×労働時間）として、時間当たりの生産性を表すこともあります。

労働生産性＝付加価値額／社員数

労働生産性が低いとはどういうことか

長らく日本の労働生産性は低いといわれてきました。1970年以来、主要先進7カ国の中では最下位の状態が続いています（2016年現在）。それでは、生産性が低いというのはどのような状況を表すのでしょうか。

一般に生産性とは、アウトプット／インプットで表され、投下に対して、どの程度の成果が得られたかどうかを表しています。単純にこの数式にあてはめてみると、日本は他国に比べて働いた分に対して得られる成果が少ないということになります。日本の労働生産性はアメリカの6割程度といわれていますから、アメリカ人が1日働いて得られる成果を日本人は2日弱働いてやっと得ることができる、ということになります。

一企業として考えた場合、同じ商品、サービスを提供しているのに、労働生産性が倍半分も差をつけられていては、社員に払える給与にも差が付きますし、設備投資に回せる資金も違ってきます。競争力の面で大きく差をつけられてしまうでしょう。労働生産性を測る、把握しておくということは、自社の競争力を定量的に把握しておくということになるのです。

図表16-1 労働生産性

◆自社のトレンドと業界水準を把握する

＜自社の労働生産性のトレンド＞

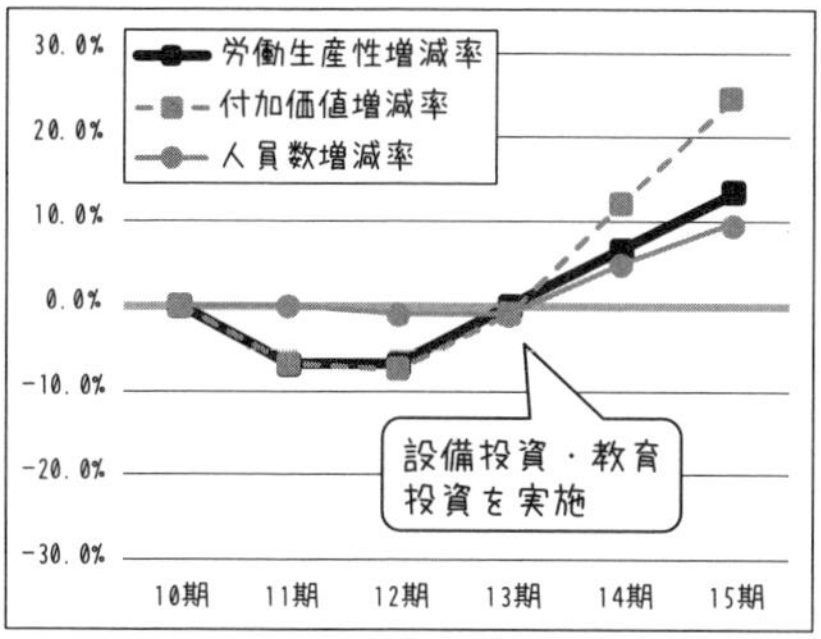

人員数や付加価値など業績指標と合わせて労働生産性のトレンドを把握することで、生産性低下、向上の背景が明確になる。
左記の例では、前半３期は業績低迷により生産性が低迷していたが、設備投資や教育投資が奏功して後半２期は生産性が向上している。

＜資本金規模別労働生産性（全産業）＞

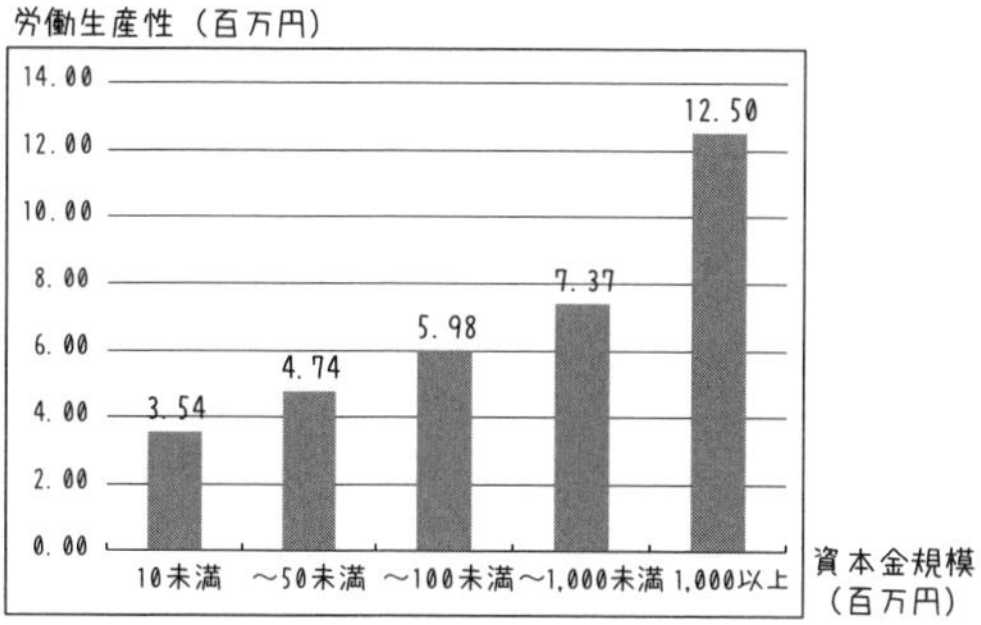

＜業種別労働生産性（資本金規模計）＞

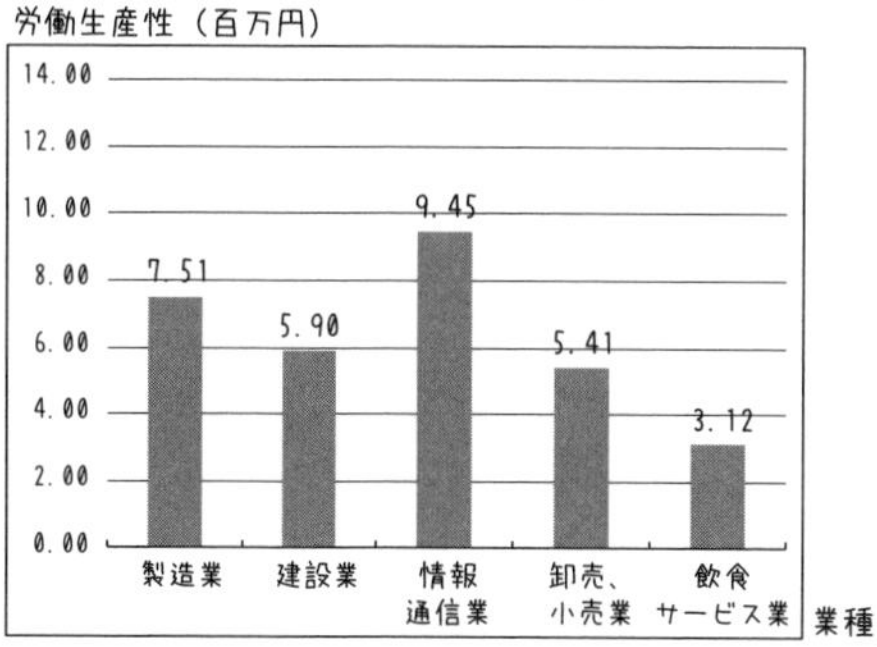

出所：財務省「財政金融統計月報」（平成26年）

労働生産性は高いのか、低いのか

自社の現在の労働生産性が高いのか、低いのかを判断するためには2つの方法があります。

まず1つ目が、同業他社と比較する方法です。

財務省などから業種別の統計データが出ていますので、近しいビジネスモデルの他社との比較をすることができます。また、資本金規模別にもデータを取得することができますので、同業種、同規模の会社と比べて自社の労働生産性が高いのか、低いのかを比較することができます。ビジネスモデルが全く同じ、ということもないでしょうから単純比較はできませんが、事業内容や企業規模によって傾向が異なるため、業界での競争力を測るには有効です。

2つ目が、自社の過去と比較する方法です。

社内のデータを集めれば自社の過去と比較をすることができます。多くの会社では、生産性を上げるために投資をしているはずです。設備投資による自動化が進み、あるいは社員に対する教育投資が奏功し労働生産性は徐々に上がってきているでしょうか。その効果が表れているのか、投資分の生産性が上がっているのかは検証すべき内容です。ただし、労働生産性は、自社の効率性を示す一方で景気の動向にも影響を受けます。このため、労働生産性単独ではなく、業績の状況と合わせて見る必要があります。長期雇用が前提である日本においては、景気の良し悪しで大幅に人員数を増減させることはありません。景気が良くなれば稼働率が高まる設備と同様で、人についても景気によって〝稼働率〟が変わるのです。つまり、労働生産性とは潜在的な効率性ではなく、あくまで結果を表しているのです。外部環境の急激な変化で業績が落ち込んだ期には労働生産性は低下するでしょうし、逆に労働生産性が高まっていたとしてもそれが為替など外部環境に起因するものであれば自社の生産性が高まっている、と読むのは誤った解釈かもしれません。逆に、業績は長期的に安定しているのに、労働生産性は徐々に低下している、ということであれば危険信号です。

労働生産性を高める

労働生産性を高めるには、1人ひとりがより多くの付加価値を創出する、もしくは、同じ付加価値をより少ない人数で創出する必要があります。

同じ付加価値をより少ない人数で創出しようとすれば、まず、自動化が考えられます。自動化の度合いを測るには、労働装備率が使われます。先ほどと同じ統計データを使って、同業他社よりも労働装備率が高いか低いかを検証すれば、労働生産性を高めるために設備投資を進める余地があるかどうかがわかるでしょう。製造業では、歴史的に効率化がすすめられ、自動化、機械化が進んでいる業界といえます。一方で、特に生産性が低いといわれる中小のサービス業では、この労働装備率が低い傾向にあります。事業によっては、人にしか生み出せない付加価値があるかもしれませんが、人でなくてもいい部分は自動化することで業界内での競争力が高まるのではないでしょうか。

1人当たりが創出する付加価値を高める、同じ付加価値をより少ない人数で創出する、いずれの場合も考えられるのが社員のレベルを高めるという方法です。1人ひとりのスキルレベルも重要ですが、企業全体としてのスキル量が十分かどうかが重要です。また、より優秀な人材を惹きつけるような会社であり、報酬の仕組みになっているかも重要です。

労働生産性は、企業の経営状態を鮮明に表すだけでなく、経営上の問題・課題を把握する際の起点となる重要な指標です。しかも、単年でのチェックだけでなく、複数期のトレンドを見ることで現在の経営状態が見えてくるのです。

3分間チェック！

マネジメントのポイント

□業界でのポジションを常に把握

統計データを利用して同業種、同規模の労働生産性を把握しておくことで、業界における自社の競争力の程度を測ることができます。また、どの程度の生産性を目指せばよいか、の目安にもなります。

□自社のトレンドを把握

労働生産性は上がってきているのか、下がってきているのか、また、業績との関連性を含めて自社の過去のトレンドを把握しておくことが必要です。設備投資や教育投資の効果が出ているのかも確認することができます。

□自社の生産性に寄与するのは何か？

労働生産性と合わせて、労働装備率の業界水準と自社水準を比較することで生産性向上に向けた設備投資が十分かどうかも確認できます。その他、スキル量が十分かなども含めて自社の生産性に寄与するものが何かを特定することも重要です。

データ17

転職されてもいい人、絶対にされたくない人

――給与水準

給与水準とは、自社で必要な人材の市場価格のことです。

同じ業界や同規模の企業、あるいは職種などによって大きく異なるため、ターゲットとする労働市場において自社の給与水準は採用競争力があるのかないのかを判断する基準になります。

業界団体などから提供される給与データを入手できる場合もありますが、必ずしも同じ業界から採用するとも限らないため、厚生労働省などの統計データを活用すると、より市場価格としての合理性が高まります。

給与面の採用競争力は何で判断するか

景気が良くなると自社の給与水準が気になり始めます。計画した人数を採用できない、優秀な人材が競合他社に引き抜かれて退職してしまうなど、必要な人員が確保できない状態が具体的になってくると、とたんに現場や経営から給与水準の見直し指示が出ることがあります。つまり、採用競争力のある（競合他社よりも高い）給与水準になっているかが気になるのです。また、全体の給与水準を気にする一方で、初任給しか見直さないことも多いようです。それは、人材の主要な供給源が新卒採用であるためというのはわかるのですが、以前よりも転職のハードルが低くなっている状況や生涯年収の観点でいえば、初任給だけではなく職種別、年代別などの給与水準も議論すべきです。また、「自社の」給与水準を気にするといっても、職種や年齢など様々な人材がいるはずです。また、「同業他社」にも様々なとらえ方があります。業界や企業規模、地域など様々です。

どこをターゲットにするか

それでは、自社の給与水準が高いのか低いのかを検証するにはどうしたらよいでしょうか。前述のとおり、労働市場は細分化されています。人材の種類という視点で見ても、企業の種類という視点で見ても同様です。

図表17-1 賃金ベンチマーク

◆労働市場によって年収水準が異なる

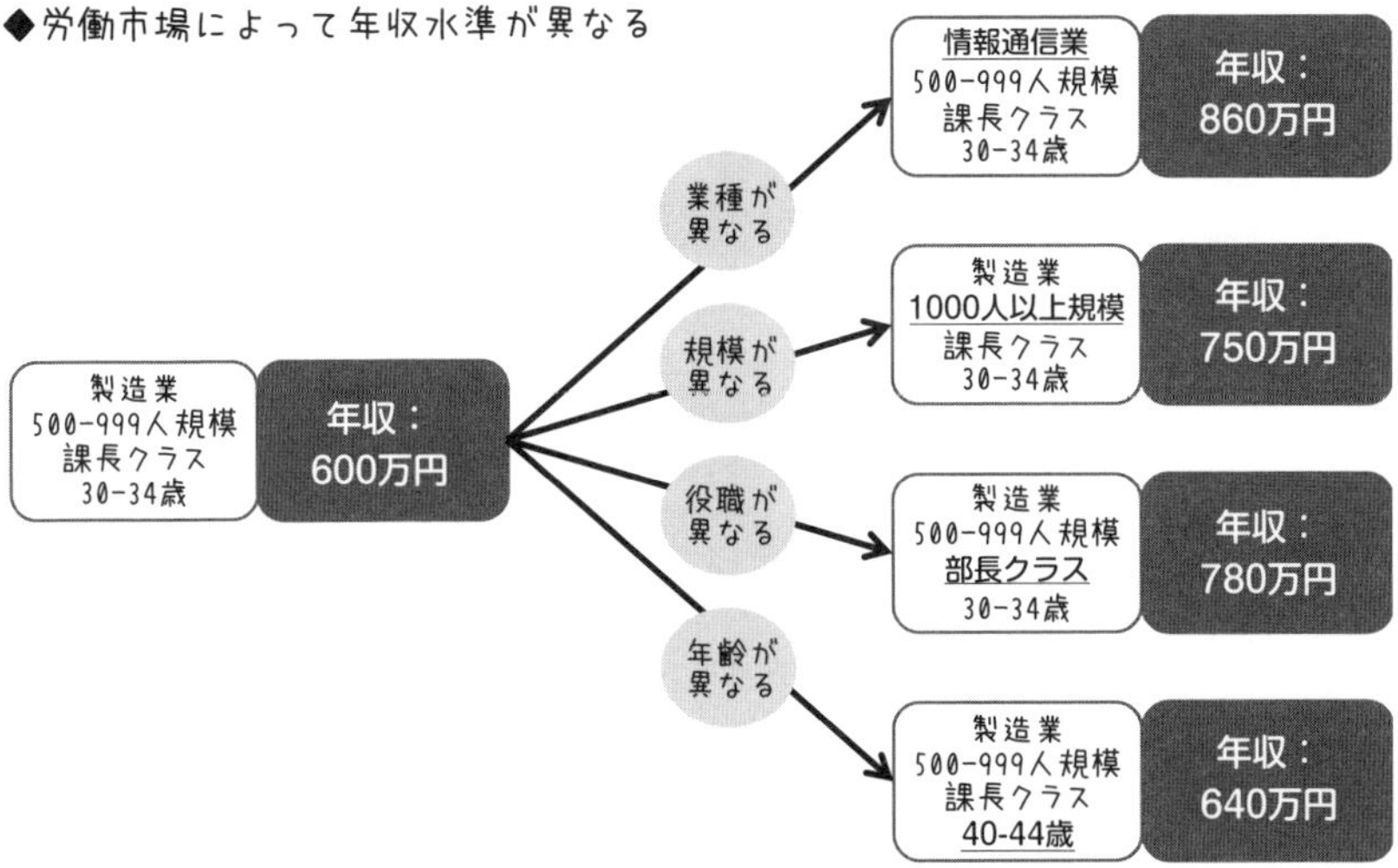

出所：厚生労働省「賃金構造基本統計調査（平成28年）」

例えば、数百名規模の製造業で30代の一人前の技術者の給与水準を検討する際のターゲットを考えてみます。「中規模、製造業、係長級」あるいは「中規模、技術士」といったところでしょうか。いずれも厚生労働省が出している統計データ「賃金構造基本統計調査」から給与水準を知ることができますので、その水準との比較が可能です。ターゲットと同レベルあるいは少し高いくらいに設定されていれば、おおよその採用競争力が維持されているといえるでしょう。この例では、企業規模、業種、役職、職種をキーにしてターゲットを特定していますが、そのほか、年齢、地域、学歴に応じてターゲットを絞り込むことができます。というのも、これらの違いによって給与水準が異なるからです。

特に違いが顕著なのが、企業規模です。統計データを見てみると、同じ業種、同じ職種、同じ年齢・性別でも、企業規模によって給与水準が異なることがわかります。つまり同じ仕事でも大企業のほうが給与水準が高いのです。例えば、製造業の30歳代前半の年収水準を見てみると、1000人以上規模の企業では約750万円なのに対して、数百人規模の企業では600万円です（平成28年賃金構造基本統計調査・大卒・課長クラス）。150万円の差があります。同じ総合職だとすればかなりの開きがあります。

また、年齢も1つの基準になります。日本の労働市場では年齢が高いほど給料が高いことが多く、給与水準を語る際には、「40歳にしては給料が低いなあ」ということになるのです。中途採用の求人情報にも年収例として「30歳500万円」などと記載することが多いのではないでしょうか。先ほどと同じ製造業数百人規模では、30歳代前半では600万円なのに対して、40歳代前半では640万円です（平成28年賃金構造基本統計調査・大卒・課長級）。こちらも40万円の差があります。いずれにしても、一定の年収差があるためどこをターゲットにするかによって採用競争力に影響するだけでなく、人件費インパクトも無視できないレベルです。

ちなみに、地域や職種によっても水準は違ってきます。地方の工場地帯でも自動車関係が集まる地域では、かなり高い水準で設定しないと競争力は維持できないでしょうし、同じ情報サービス業でもシステムエンジニアとプログラマーでは市場価値が大きく異なるということも考慮する必要があります。

転職されてもいい人、絶対にされたくない人

先ほどの例を標準ターゲットとすると、同じクラスの人材であってもハイパフォーマーとローパ

フォーマーのターゲットも必要です。パフォーマンスに応じてターゲットを変えることでハイパフォーマーの定着とローパフォーマーの代謝が図られるのです。ハイパフォーマーには絶対に転職されたくないでしょうし、ローパフォーマーには転職されてもいい、むしろ転職してほしいはずです。そう考えた場合、ハイパフォーマーはより高い給与水準に、ローパフォーマーはより低い給与水準とするのが理にかなったやり方ではないでしょうか。そもそも業績貢献度の違う人材が一律の給与水準でいいわけがありません。このように、社内では同じ「一人前の技術者」という位置付けであっても、その給与には一定の幅が必要になります。それを検討する際には、「より高い」や「より低い」が何を指すのかということが重要です。基準となるのが前述の企業規模や年齢、役職などです。

例えば、「より高い」給与水準を設定する際には、自社よりも規模が大きい企業をターゲットとするのです。製造業でも企業規模は大きくないが技術力が高く市場価値が高い人材が高い給与を提示されて大企業に引き抜かれる、という会社ではどうでしょうか。中小企業であっても企業競争力を左右するような人材に対しては、「大企業並み」の給与水準を設定するべきでしょう。

なお、採用競争力を考えるのであれば、プラスマイナス10％程度が目安になります。年収５００万円の社員が同じような会社で同じような仕事をしたとしても今より50万円以上年収が上がるのであれば、転職を考えるのではないでしょうか。

3分間チェック！

マネジメントのポイント

□初任給以外も定期的にチェックする

中途採用の競争力や生涯年収、人材流出の観点から言えば、初任給以外の給与水準についてもチェックが必要です。中核人材が流出して初めて見直すのではなく、定期的にチェックすることで、必要人材を確保する上でのリスクを軽減できます。

□労働市場はきめ細かく特定する

業種、企業規模、職種、年齢など様々な要因によって人材の市場価値が決定します。自社の給与水準を決定する際にベンチマークするなら個別事情が含まれている可能性がある特定の競合他社よりも、統計データがより合理性が高いと言えます。

□パフォーマンス別の労働市場を考慮する

同じ技術者でも業績貢献度の高いハイパフォーマーは、市場価値も高いと考えるのが妥当です。ハイパフォーマーはどこの労働市場に属するのか、自社よりも規模の大きい企業、より上位の役職などを考慮して設定することで、賃金面での定着率は高まります。同様に、ローパフォーマーはどこの労働市場に属するのかも考慮して設定することで、健全な代謝が図れます。

データ18

初任給を比較してもほとんど意味はない

——生涯収入

生涯収入とは、労働者が学校を卒業後、就職して入社から退職するまで生涯にわたって得る給与総額のことです。

長期雇用を前提としている日本では、生涯収入のモデルが就職先企業を決める上で重要な指標の1つになります。業種や企業規模によって異なるので、競合他社と常に比較しておく必要があります。

また、標準者だけでなく、パフォーマンス別にモデル生涯収入にどの程度差がつくのかも併せて見ることが重要です。

生涯収入は企業によって全然違う

学生が新卒で入社する企業を決める時には、職務内容や会社の雰囲気、企業の知名度、安定性、給与など様々な条件を総合的に勘案して決定します。その中でも給与は、今後の生活の基盤となるため、極めて重要な条件になります。

給与といっても、初任給、月給、平均年収などいろいろありますが、特に重要なのが生涯収入です。生涯収入とは、学校を卒業後、就職したビジネスパーソンが、当該企業において定年までずっと働き続けた場合に得る給与の総額のことを指します。この生涯収入は、業種や企業規模等によって大きく異なります。銀行や証券会社といった金融業、総合商社、マスコミ系などは、生涯収入がかなり高い業種です。一方、ホテルや飲食業、小売業などの業種は、他の業種に比較して低い傾向があります。さらに、企業規模によっても大きく異なります。規模が大きくなるほど生涯収入も高くなっていきます。

分かりやすい例で示すと、例えば、平均年収1000万円で退職金が3000万円の銀行に就職したとします。22歳で入社し、60歳の定年まで働いた場合の生涯収入は1000万円×38年間＋3000万円＝4億1000万円になります（厳密には、入社時の年収は低く、毎年徐々に高くなっていくため、毎年の年収を足し上げて計算する必要がありますが、ここでは簡易的に計算していきます）。次に、平均年収500万円で退職金が1000万円の小売業に就職した場合、500万円×38年＋1000万円＝2億円が生涯収入になります。標準的な社員でも単純にどの業種に就職するかで、

図表18-1　業績別期待生涯収入

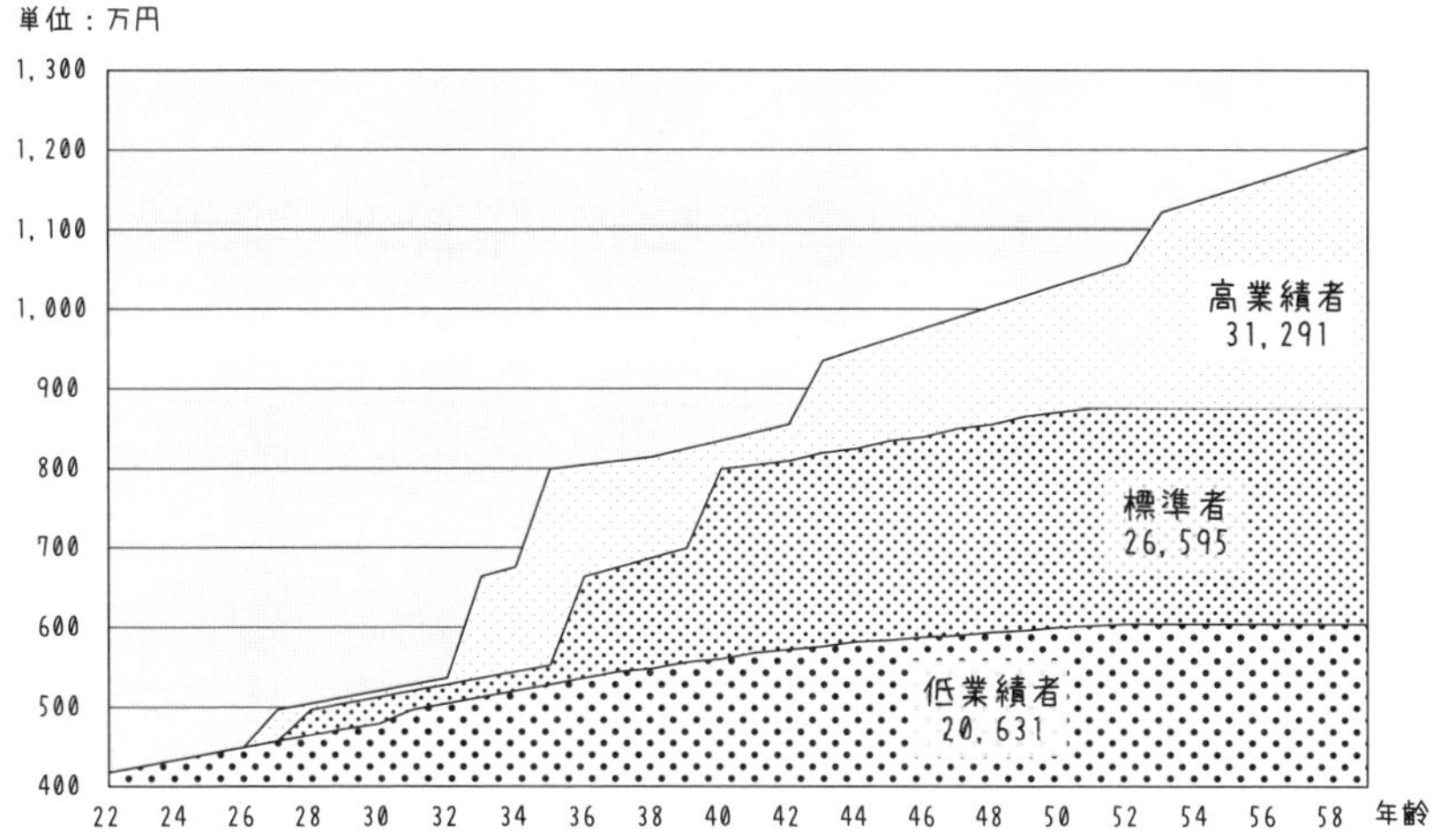

生涯収入は非常に大きな差がつくことになります。

入社後に知る生涯収入の実態

この生涯収入自体は、おおよそのビジネスパーソンであれば、正確な金額でなくとも、自社の生涯収入がだいたいどの程度になるかは把握していることが多いでしょう。自社の人事制度から、将来的な年収がどのように推移するかを試算できたり、給与テーブルが公開されていない企業でも、職場の先輩や上司とのコミュニケーションの中で、おおよその将来の年収カーブがどのようになるかを把握しているケースが多いからです。

しかし、新卒採用の就職活動の時点でこの生涯年収を意識している学生は極めて少なく、いつも初任給が注目されます。これは、学生が生涯収入に興味・関心がないというよりも、新卒採用の労働市場において、企業側が生涯収入に関する情報を開示していないことが大きな原因としてあります。入社後のキャリアパスとして、人事制度のおおまかな概要を開示している企業はありますが、生涯収入について言及している企業はほとんどないのではないでしょうか？　そのため、入社後に、自身の生涯収入がどの程度になるかを初めて理解する社員が多く、驚きとともに生涯収入が低い企業だった場合は、モチベーション低下や離職の原因にまで繋がってしまうことがよくあります。

初任給重視の新卒採用市場

初任給の金額は、多くの企業が世間相場や競合他社の金額を見て決めています。近年では、人材不足から初任給を上げる企業が多くなっていますが、大卒であれば20万程度です。生涯収入は業種や企業規模によって大きく異なりますが、初任給は、ほとんど関係ありません。新卒採用市場の需給関係によって規定されるため、低過ぎる金額だと採用することが困難になるからです。各企業は良い人材を獲得するために、この初任給に固定残業代を含めた金額で提示したり、一時的な手当を含めたりして、他社よりも高い金額に見せようとします。

そもそも、生涯収入が高い企業は良いですが、あまり高くない企業が初任給を高くして人材を獲得しても、将来的には流出するリスクが非常に高くなります。初任給で採用競争力を高め合うような競争だけでなく、もっとオープンに人事に関する情報を開示することで、新卒の採用競争力を上げることができるのではないでしょうか。

もっと人事データを開示することで採用競争力を高める

例えば、標準的なパフォーマンスの社員が生涯で得る生涯収入だけでなく、人事制度とその等級・グレード制度においてどのような昇格モデルとなっているのかを明示し、ハイパフォーマーの生涯収入や、ローパフォーマーの生涯収入も提示することで、自分のパフォーマンス次第でどの程度生涯収入の変動可能性があるかが分かります。

また、大手企業の子会社などでは、プロパー社員の上がりのポジションが決まっており、どんなに能力が高くても経営のポジションに就くことはできず、部長が最高位になっているといった企業は多くあります。例えば、独立系の企業で規模がそれほど大きくない企業で、大手の子会社に比較して企業のブランド力がそこまでなかったとしても管理職への昇格平均年齢や、プロパー役員比率、パフォーマンス別の生涯収入などの生の人事データを学生に開示することは、採用競争力を向上させることに繋がるかもしれません。

もちろん、企業の魅力は、職務内容そのものですので、入社後にいかに魅力的で働き甲斐のある職務経験を積むことができるのかが第一義的に重要であることは間違いありません。しかし、「風通しの良い職場で、実力次第で早期の抜擢も十分にあります」のような定性的な美辞麗句を掲げているだけの企業があまりにも多くあります。現実と乖離した定性的なデータから、定量的な人事データを活用した新卒採用活動を行うことで、これまでの新卒採用市場を一変させることができるように思います。

3分間チェック！

マネジメントのポイント

□生涯収入を開示することで採用のミスマッチをなくす

生涯収入は、業種や企業規模で大きく異なります。せっかく採用した社員が、入社後に生涯収入を知ることでモチベーションを落としたり、離職しないようになるべく採用時から生涯収入の金額を開示していきましょう。

□もっと定量的な人事データを採用活動に活かす

パフォーマンス別の生涯収入や、管理職比率、管理職平均登用年齢等の人事情報を応募者に開示し、企業のこれまで見えなかった処遇の魅力をアピールすることで自社独自の採用競争力をつけることが重要です。

□競合他社の初任給をあまり気にしない

世間相場や競合他社の初任給は非常に気になりますが、初任給重視の採用競争では価格競争にしかなりません。一定程度は、競合他社等の金額は意識したとしても、初任給以外で他社と差別化を図ることに注力しましょう。

データ19

モチベーションダウンの要因にも
——給与レンジ

給与レンジとは、等級別の給与（月収）の上限値と下限値のことです。この月収に含むものは、基本給に役職手当等の職務関連手当を加えた金額で算出します。特定の職種のみに支給される営業手当や、住宅手当等の属人的手当は除外します。

人事制度で決められた月収の上下限値（理論レンジ）に加え、時間外手当も含めた上下限レンジ（実態レンジ）も算出し、理論と実態の両方を見ます。

合理性のない〝給与レンジ〟

一般的に、どのような企業でも社員を能力や職務、職責等のレベルによって序列をつけています。いわゆる等級・グレードと言われるものです。この等級・グレードのレベルに応じて各社員が職務を遂行することになりますので、給与も同様に等級・グレードのレベルに応じて差が設けられていることが理屈としては公平で合理的だといえます。そのため、各等級・グレード間の給与のレンジ（範囲）は重なりがなく、階差のある構造になっていることが望ましいです。しかし、現実にはこの給与レンジに階差が設けられていない企業が多くあるのです。

そもそも日本では、給与の考え方として年齢や勤続年数を加味して給与が上がっていく、いわゆる年功的給与としている企業が多くありました。その場合、給与レンジは等級・グレード間で重なりが生じてきます。給与は、年齢や勤続年数に応じて支払うという考え方であれば、特に大きな問題ではありません。しかし、現在では多くの企業で、給与は社員の能力（または職務や職責）に応じて支払うという考え方が一般的になっています。にもかかわらず、等級・グレード間で給与レンジに重なりが生じている企業が多くあります。

図表19-1　等級別給与レンジ

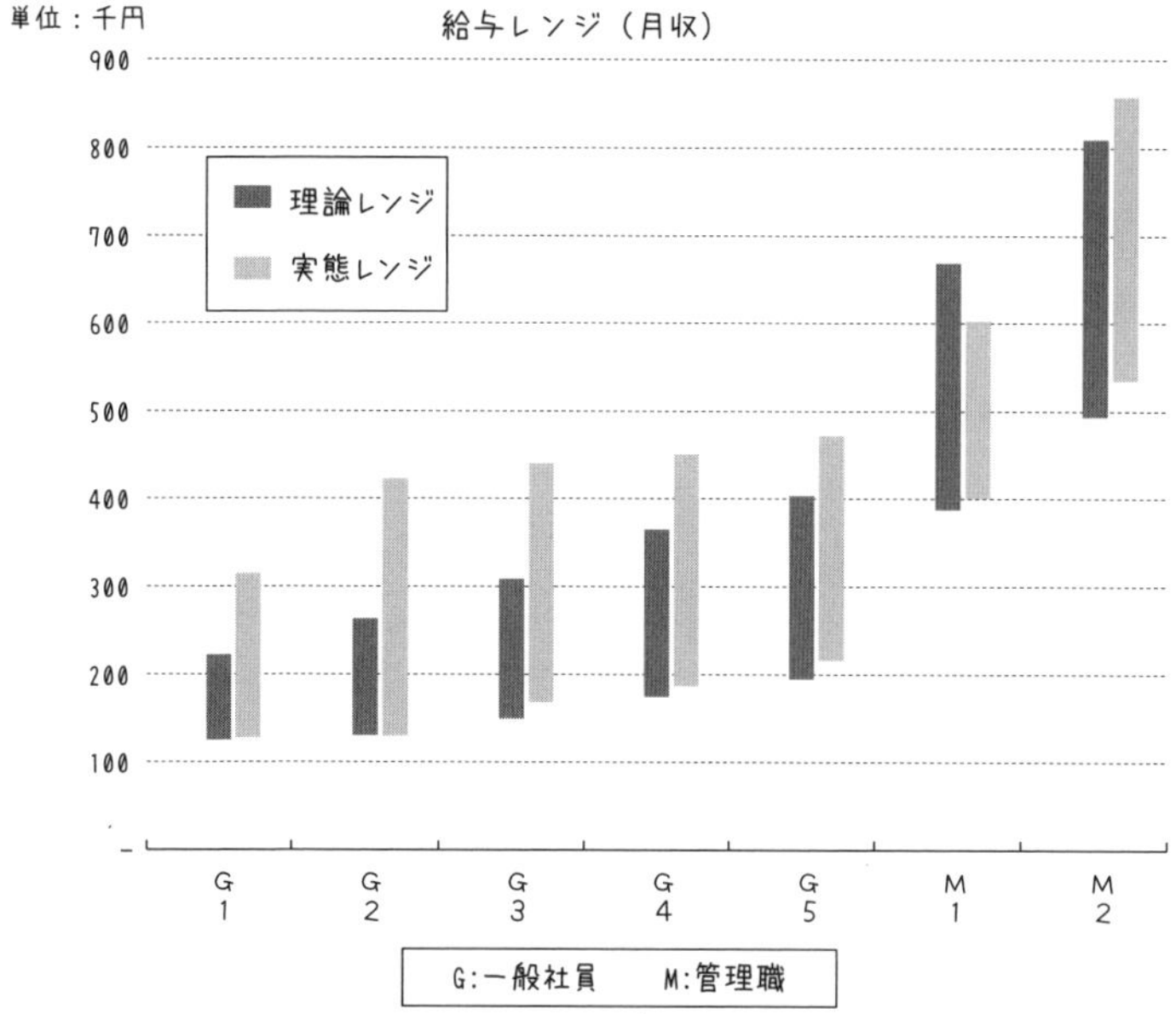

給与レンジの重複は何が問題なのか

もし、等級・グレード別の給与レンジが等級間で重複している場合、難易度の低い簡単な仕事を担当している社員に、難易度の高い仕事をしている社員よりも高い給与を支払うことになってしまいます。これは、本来の社員の能力や職務、職責のレベルに応じて給与で支払った場合よりも、給与の過払いが生じることになりますので、経営的には、人件費が高騰化する大きな要因となってしまいます。また、社員的な観点からみてもデメリットがあります。自分が担当している仕事よりも、レベルが低く、責任も小さい社員が、自分よりも高い給与になってしまい、モチベーションを大きく下げる要因になってしまいます。特に、このようなケースは、社内の優秀な人材のモチベーションを大きく下げることになります。

典型的な事例としては、管理職の最下位等級と、一般社員の最上位等級の給与レンジの差があまり設けられていない企業は数多くあります。管理職は、時間外手当の支給対象ではないため、残業代は出ません。そのため、給与レンジに残業代を見込んだ差を設けていないと、給与の逆転現象が生じてしまうのです。経営としては、優秀な社員を抜擢して管理職とすることで、さらなる成長とモチベーションアップを期待するのですが、残業で下位等級に給与が逆転されてしまうような給与レンジだった場合は、管理職になるインセンティブが生まれないどころか、管理職になると損だと感じてしまいます。よく、最近は管理職になりたがらない社員が多いとの話を聞きますが、社員の意識面の問題ももちろんあると思いますが、そもそも管理職になると残業代が支払われなくなるため、給与が下がってしまうような給与構造になってしまっている企業も散見されます。

経営的にも社員的にも給与レンジは等級・グレード間で適切な金額差を設ける方が正しいということです。

昇給重視から昇格重視へ

給与レンジが等級・グレード間で重複している理由は、企業によって様々ですが、主たる要因としては、昇給重視の考え方であることです。過去から、日本では労使交渉において、定期昇給額が大きな争点となっていました。現在でも毎年春闘の時期になると「昇給率○％（○千円）で妥結」といったようなことがよくニュースで取り上げられます。組合からの要求もありますが、企業としても社員のモチベーションを維持・向上させる手法の1つとして定期昇給の考え方が根付いています。そのため、結果として等級間の給与レンジが重複してしまうのです。

本来であれば、同一の等級・グレードにおける昇給よりも、能力や職務のレベルが一段上がり、新しい役割や責任を担うことになる昇格にもっと重きを置くべきです。つまり、等級別の給与レンジを階差型にし、等級の給与レンジの上限にきた場合は、昇格しない限り昇給しない仕組みにするということです。このようにすることで、より社員のパフォーマンスを適切に処遇に反映することが可能となるとともに、実質的・年功的に上昇していた給与を抑制することが可能となります。また、社員もより高い等級・グレードを目指そうというインセンティブにもなります。

これまでのあまり意味のない昇給を中心とした議論から、昇格を中心とした議論にすることで、実力を適切に処遇に反映し、組織としてのパフォーマンス向上に繋げていくことが求められています。

3分間チェック！

マネジメントのポイント

□給与レンジは階差型に

給与レンジが重複していると、等級間で給与逆転が生じ、社員のモチベーションダウンの原因になるとともに、人件費が高騰化するリスクとなります。給与レンジは等級・グレード間で階差を設けるようにしましょう。

□管理職になりたくなる仕組みに

管理職になっても給与はあまり上がらず、責任だけが増えて魅力を感じない、とならないように、管理職に昇格時は一般社員が一定の残業をしても逆転されないよう十分な給与の階差を設けましょう。

□昇給重視から昇格重視へ

昇給よりも昇格をより重視した給与レンジとすることで、より社員のパフォーマンスをストレートに処遇に反映することが求められます。

データ20

社員を〝時価〟と〝簿価〟で考える
――人材流動性

人材流動性とは、労働市場に人材が流出（滞留）するリスクの程度を示すデータのことです。

社員1人ひとりの給与に対して現在の給与と、転職した場合の給与を比較し、転職した場合の給与の方が高い社員の比率（滞留リスクの場合は、現在の給与の方が高い社員の比率）。一般的に、全社員の1／3以上が、労働市場の給与よりも低い場合は、給与面での不満を持っている可能性があると言われています。

人材流動性＝（労働市場給与＞社内給与）／総人員数

社員の〝時価〟と〝簿価〟

日本の労働市場は流動性が低いとよく言われてきました。しかし、特にバブル崩壊以降、労働市場は徐々にではありますが、過去に比較して明らかに発展してきており、流動性が高くなってきています。これまでの日本の人事管理は年功序列で、新卒で採用してから、定年まで雇用する長期雇用を前提としていましたが、ビジネスモデルの高度化やビジネスサイクルの短期化によって、新卒で入社しても、途中で転職することが一般的なキャリアモデルになり、労働市場が活性化しています。

この労働市場の発展に伴って、人事管理における〝時価〟と〝簿価〟という考え方が一般的になりつつあります。

時価とは、社員が転職した場合の給与（マーケット・プライス）のことを言います。つまり、労働市場における社員の価値を意味し、エンプロイアビリティという言い方をされたりもします。この時価は、基本的に労働市場の需給関係によって決定されます。例えば、近年多くの企業で、これまでの顧客等の膨大な情報であるビッグ・データをビジネスで活用するためにデータサイエンティストの需要が高くなっています。しかし、これまで高度なデータ解析の能力を持ったデータサイエンティストは労働市場には多くなかったため、需要が供給を大きく上回ることになり、時価（市場価格）は高くなります。

一方、これまで極めて難易度の高い司法試験合格者に限られていた弁護士などの法律家の時価は高

図表20-1 人材流動性

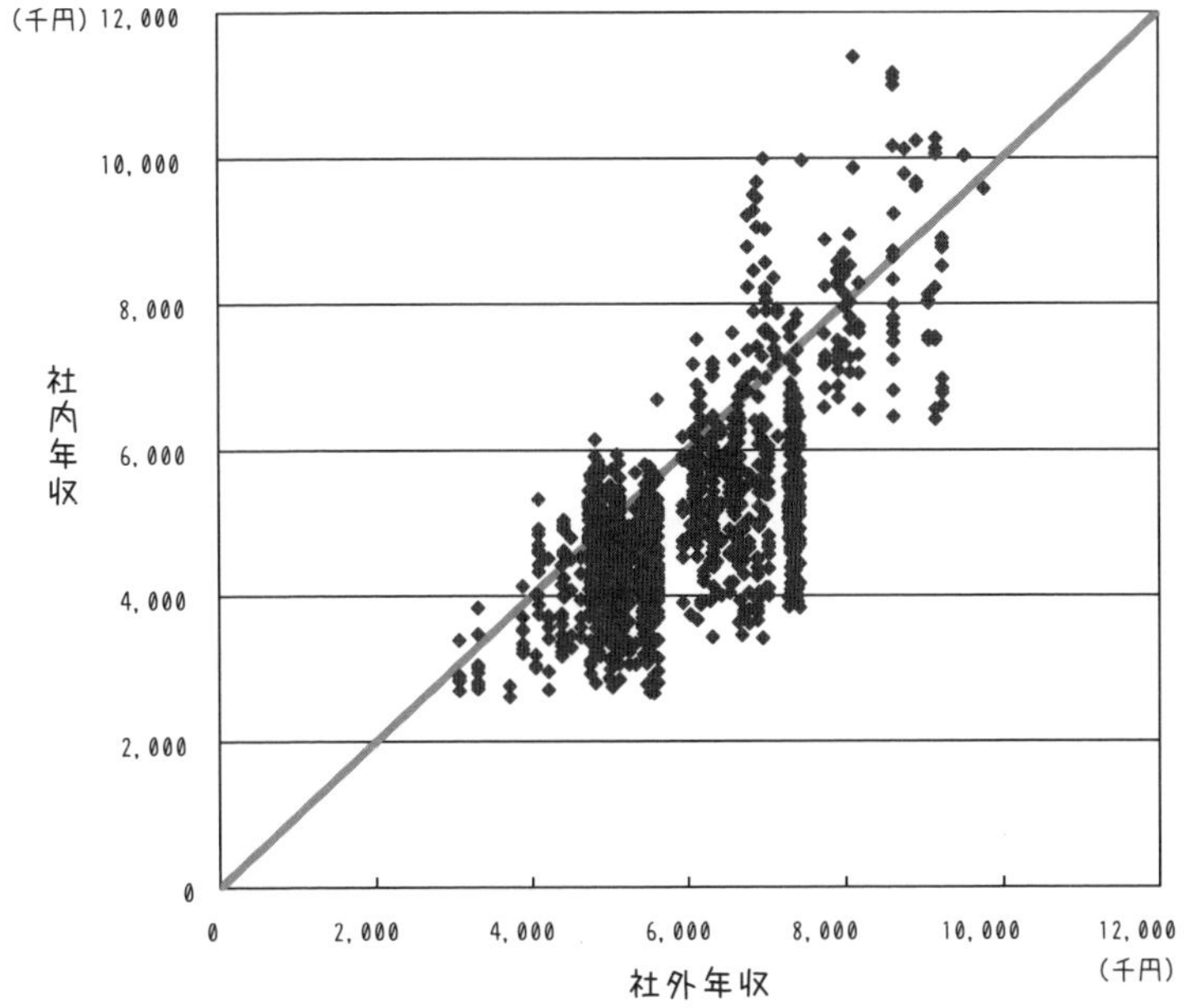

かったですが、司法制度改革後に司法試験合格者を増加させたため、労働市場の供給が需要を上回る現象が生じ、時価が過去に比較して低くなっています。このように、時価は、その時々の労働市場の需給関係によって業種・職種、能力レベルによって異なっています。

これに対して、簿価とは企業が社員に対して支払っている給与のことを言います。これまでの日本企業の人事管理は、新卒一括採用で長期雇用を前提としてきていたため、外部労働市場における価値で給与が決定されるのではなく、社内における内部労働市場において相対的に決められている傾向が強くありました。入社時の非常に低い初任給から始まり、毎年の昇給の積み重ねで徐々に給与が上昇していく、いわゆる年功型の給与決定のシステムです。バブル崩壊以降は、成果主義型の給与制度を採用する企業が多くなり、年功型的のシステムではなくなってきていることは確かですが、個人業績に応じて給与額を大きく変動する仕組みにしただけで、外資系企業を除いて職務の価値で給与を決定している企業は現在でも非常に少ないと言えます。

〝時価〟と〝簿価〟の差異は経営上のリスクに

このように、時価と簿価では価格決定の仕組みが異なることから、たいていの企業では金額にずれが生じています。この価格のずれは、年齢や勤続年数が長くなると顕著に現れてきます。新卒採用時では、新卒者獲得競争で各社の初任給はおおよそ均衡した金額になります。

しかし、入社後は昇給や賞与の金額は各社の個別性が高いため、価格のバラつきが大きくなります。例えば、バブル期に大量の採用を行った企業では、中高年の人数が非常に多くなっており、経営的に人件費の負荷が大きくなってきていることで、毎年の昇給額を抑制したり、昇格人数を抑えるような人事管理をしている企業が多くあります。そのため、時価に比較して簿価の方が低くなる現象が見られます。

また、情報産業等の技術革新の激しい業界では、過去に非常に高い成果を上げて給与が高くなったが、技術革新によって過去の知識・スキルが現在では全く通用しないようになっていても、過去の高い給与のままの社員が多くいる企業もあります。時価に比較して簿価が高すぎる状態です。

時価と簿価のズレは、これまでの長期雇用で内部労働市場を前提とした人事管理が主であった時代においては大きな問題はありませんでしたが、外部労働市場の発展してきている現在では経営上の大きなリスクとなります。

例えば、非常に優秀な人材であるにもかかわらず、時価よりも簿価が低い場合、その優秀な人材が他社に転職してしまうリスクが高くなります。逆に、あまり優秀ではない社員に対して、年功的な処遇の結果、時価よりも簿価の方が高い場合は、非常に居心地の良い会社と感じることになり、優秀でない社員の多くが滞留してしまいます。

もちろん、人材の流動性の決定要因は給与だけではなく、会社に対するロイヤリティや職場の人間関係といった要素も大きくあります。しかし、労働市場が発展してきている今日の日本では、相対的に給与の影響が大きくなっていると言えます。そのため、この時価と簿価にズレが生じているということは経営的に大きなリスクであるということを強く認識する必要があります。

労働市場的観点で機能する人事管理へ

これまでの人事管理でも、社内における優秀な人材とそうでない人材では一定の昇格や賞与に差をつけることで一定の給与差を設けることは行われてきましたが、どちらかというと社員の生活や、社内における公平性を重視する傾向がありました。そのため、給与差も社内における相対的な配分差を設けるだけでした。

しかし、労働市場の発展に伴い外部労働市場を意識した給与の仕組みにしないと人事管理が機能しなくなってきています。特に、近年の好景気を背景とした人手不足が顕著になっていることから、中途で優秀な人材を獲得したいが、なかなか良い人材を獲得することできない、優秀な人材が競合に転職してしまった、優秀でない社員が活性化せずに社内に悪い影響を与えているといった悩みを抱える企業が多くあります。

その原因の1つとして、時価と簿価のズレによって生じていることがよくあります。今後も労働市場はさらに発展し、流動性が高くなってくることが予想されます。社員の給与は生活の基盤となっていることもあり、法的な制約を大きく受けたり、社員のモチベーションにダイレクトに繋がる要素があるため、慎重に取り組む必要があることは確かですが、企業の人事管理はより時価と簿価のズレをなくしていく、職務価値に基づいた給与決定の仕組みにしていくことが求められているということです。

3分間チェック！

マネジメントのポイント

□社員の時価がいくらなのか常に把握する

社員の時価を常に把握し、優秀な社員の離職リスクが現在どの程度生じているのかを把握することは、リスクマネジメント上重要です。

□新卒中心で年功的な人事制度は時価と簿価の差が大きくなりやすい

新卒一括採用で年功的な人事管理の場合、パフォーマンスによって多少の昇給や昇格の差はあっても、長期的には時価と簿価のズレが大きくなっていく傾向が強いので注意が必要です。

□より労働市場的な人事制度に

優秀な社員には労働市場より高い給与とし、逆に優秀でない社員には労働市場よりも低い給与とすることで、適切な人材の循環を行うことができる人事制度に見直すことが求められています。

データ 21

たいてい「いらない社員」が5%以上は存在する
――ハイパフォーマー・ローパフォーマー発生率①

ハイパフォーマー・ローパフォーマー発生率とは、社員をパフォーマンス別にハイパフォーマー（HP）、アベレージパフォーマー（AP）、ローパフォーマー（LP）に区分した時のパフォーマンスごとの発生比率のことです。

社員のパフォーマンスは、直近数回の評価と昇格スピードによって区分するのが一般的です。

(例)
HP1…最も優秀、HP2…優秀、AP…標準、
LP2…あまり優秀でない、LP1…最も優秀でない

顕在化するローパフォーマー問題

企業が経営計画を達成する上で、〝人〟は極めて重要な経営資源です。経営資源である「ヒト・モノ・カネ・情報」の中でも、経営計画を実際に遂行するのは〝ヒト〟だからです。そのため、短期だけではなく、中長期的な企業成長に貢献すべく若手の頃から社員を採用し、様々な教育や職務経験を積むことで定年まで長期にわたり能力開発を行っていきます。このような社員は、〝期間の定めがなく〟、〝フルタイム〟で職務遂行に従事してもらう方が望ましいため、いわゆる正社員として雇用することになります。

日本では、戦後以降、高い経済成長を背景に、この正社員雇用を主とした企業経営を行ってきました。経済規模が今後も継続的に拡大していくことが見込まれるような環境下においては、企業は多くの人材を確保し、長期間にわたる人材投資によって必要な人材を育成していく手法は非常に合理的でした。従業員も、安定した雇用と、給与が継続的に上昇していくことから、高いモチベーションを維持して職務に従事することが可能でした。しかし、現在のように、経済成長も安定期に入り、今後の高い経済成長が見込めないような状況下では、この正社員雇用は、人事管理において様々な問題を引き起こします。その中でもよく注目されるのは、企業業績への貢献が低い社員の問題です。

図表23-1 HP・LP発生率

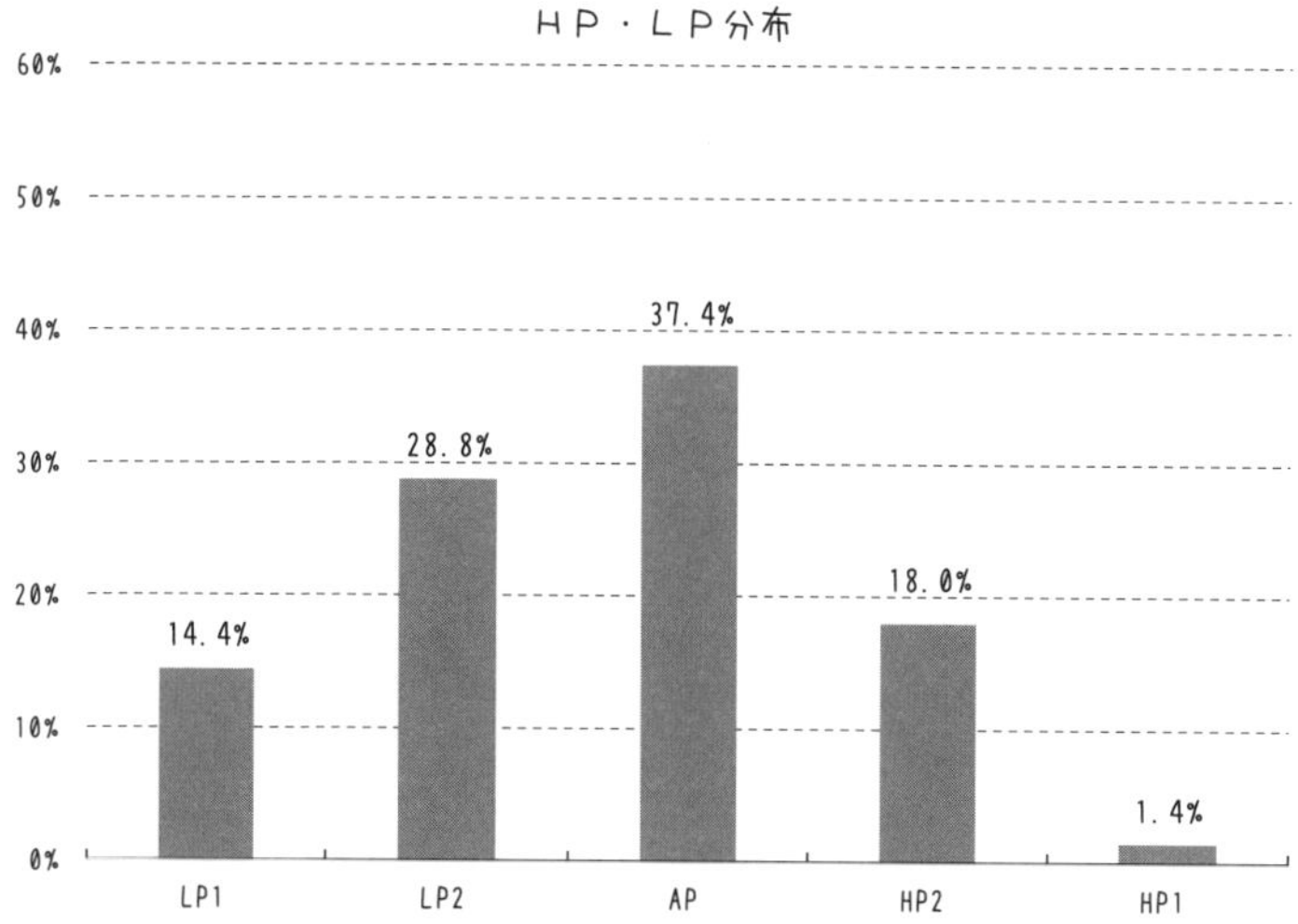

ローパフォーマー社員問題は日本の構造的問題

一般的に、社員を企業業績への貢献に応じて大別すると、ハイパフォーマー社員（以下HP社員）、アベレージパフォーマー社員（以下AP社員）、ローパフォーマー社員（以下LP社員）に分けることができます。企業が継続的な成長をしていくためには、当然のことですが、従業員のパフォーマンスは一定以上であることが望ましいため、HP社員かAP社員である必要があります。

しかし、新卒採用中心で、長期雇用を前提としている多くの日本企業ではLP社員が5％程度存在していると言われています。なぜならば、新卒で入社後、中堅社員になるに従って、社員ごとのパフォーマンスの違いは顕在化していきますが、一定程度は給与が年功的に上がっていくからです。当該企業においてパフォーマンスを発揮することが難しかった社員や、本来は異なる職種や企業の方が適しているような社員の場合は、早めに自身に適した企業への転職をすることが望ましいと言えます。しかし、長期雇用を前提とした雇用保障が強い場合は、転職せずに当該企業に居続けるようになってしまいます。

米国企業のように随意雇用で企業の自由な解雇権が認められている場合は、明らかなＬＰ社員が雇用を継続されることは通常行われません。ＬＰ社員の問題とは、長期雇用を前提とした正社員雇用中心の日本における構造的な問題であるということを認識することが必要です。

実はローパフォーマー社員対策である役職定年制と再雇用社員の処遇

役職定年制を導入している、または導入したいという企業は多くあります。その理由を伺うと、若手人材の抜擢や有効活用、後進育成といった理由がほとんどです。非常にポジティブな施策のように聞こえますが、高齢化が進み、年功的な処遇をしてきたために、役職者が過剰になり、企業の重たい人件費負担を解消するという目的が大きくあるのも事実です。

本来、役職者として高いパフォーマンスを発揮して企業業績に貢献している社員であるならば、一定の年齢で役職の任を外れる役職定年の仕組みは合理的な制度とは言えません。逆に言うと、ＬＰ社員の中高年社員が多く存在している企業が多いからこそ、役職定年制を導入する企業も多いとも言えます。役職定年は、60歳の定年と同じように、年齢という軸で一律に社員の処遇を下げることができるため、経営的には非常に都合が良く使い易い制度です。再雇用制度も同様に、人件費の過払いを解消するために、60歳の定年後、一律に処遇を低くするような仕組みにしている企業がほとんどです。もっと本気でＬＰ社員への対応策を検討する必要があります。

問われる企業の雇用責任

人員削減は絶対にせずに、社員の雇用を守ることが雇用責任であると言う経営者の方は多くいらっしゃいます。安定的に成長してきた企業や、現在も高い成長をしているような企業の経営者に見られる傾向ですが、この雇用責任のあり方そのものが現在は変わってきていることを認識する必要があります。

多くの企業が企業規模を今後も拡大していくことが難しい中で、特定の企業だけで雇用を永続するという考え方は現実的に困難になっています。近年は労働市場も発展し、転職することが当たり前になってきています。自社でパフォーマンスを発揮することが難しい社員に対しては、比較的早期の段階から転職することを促進するような人事管理にしていくことが求められています。そのためには、社員のパフォーマンス管理のレベルをもっと向上させることが必要です。ＬＰ社員でも潜在的には実力のある社員も多くいます。中高年になり、企業業績悪化時に退職させられるよりも、より実力主義的な人事管理にすることで、早期の段階でキャリアチェンジを可能とするような仕組みにするような退職促進施策を行うほうが、現在における雇用責任と言えるのではないでしょうか。

3分間チェック！

マネジメントのポイント

□ローパフォーマー社員は日本的雇用慣行の問題

ＬＰ社員は、長期雇用を前提とし、雇用保障の強い日本では必然的に常に一定程度は存在します。これは、日本的雇用慣行の構造的問題であることを認識することが必要です。

□ローパフォーマー社員対策としての役職定年・再雇用

表向きは若手人材の抜擢や有効活用、後進育成といった理由ですが、実質的には年功的に高くなったＬＰ社員の人件費削減策として活用されており、もっと本質的なＬＰ社員対策に取り組む必要があります。

□より実力主義的な人事管理へ

これまでは社員の雇用を守ることが雇用責任であるとの認識が一般的でしたが、パフォーマンス発揮が難しい社員に対しては比較的早期の段階でキャリアチェンジを促すことが可能な実力主義的人事管理にしていくことが必要です。

データ22

見当はずれの人件費管理の代表選手
——昇給額

昇給額とは、毎年上がる給与（基本給）の額です。

給与水準そのものが上がるベースアップとは異なり、仕組みとして毎年上がる金額です。昇給理由は企業によってさまざまで、年齢、勤続など毎年必ず上がるもの（定期昇給）から、評価に応じて上がるものもあります。

何歳まで、いくらまでなどと昇給の上限を設けている場合もありますし、評価に応じたものは昇給だけではなく降給を含む場合があります。また、1人の社員がいくら上がるかを指す場合と、会社全体としていくら上がるかを示す場合があります。

人件費を決めるのは昇給額だけではない

人事制度、給与制度を変更すると経営者も人事担当者も毎年の昇給額がいくらになるのかを非常に気にします。人件費はどの程度上がるのかを意図してのことがほとんどですが、そもそも昇給額＝人件費増加額ではありません。なぜならば、社員自体が入れ替わるからです。

例えば、10人の会社で全員が５０００円昇給したらどうでしょうか。賞与が3カ月として、年間合計75万円の人件費増です。一方で、ある年に年収８００万円の社員が定年退職し、４００万円の社員を新卒採用したらどうでしょうか。人件費としては４００万円のマイナスです。そのほかの８人が５０００円の通常昇給し、賞与が3カ月だとしても60万円の増額、差し引き人件費としては３４０万円のマイナスです。もちろん、人数規模が違えば金額も違ってくるので、昇給額と人員の入れ替わりによる金額変動のバランスも異なります。また、各年齢に在籍する人員数のバランスが悪ければ、毎年60歳の定年を迎える人員数が異なるため、退職者による人件費変動も毎年異なります。１人の年もあれば10人の年もある、誰も定年に達しない年もあります。当然、10人の定年退職があれば総額人件費は大幅に下がりますし、誰も退職しなければ新卒採用した分だけ増額になります。

毎年の昇給額を１０００円上げるか下げるかといった議論は、組合対策にはなっても、人件費的な議論としてはあまり意味がないといっていいでしょう。

それでも昇給額をコントロールしたいのであれば、退職者の年収合計―採用者の年収合計を昇給原

図表22-1 昇給額

◆昇給額よりも人件費インパクトが大きいもの

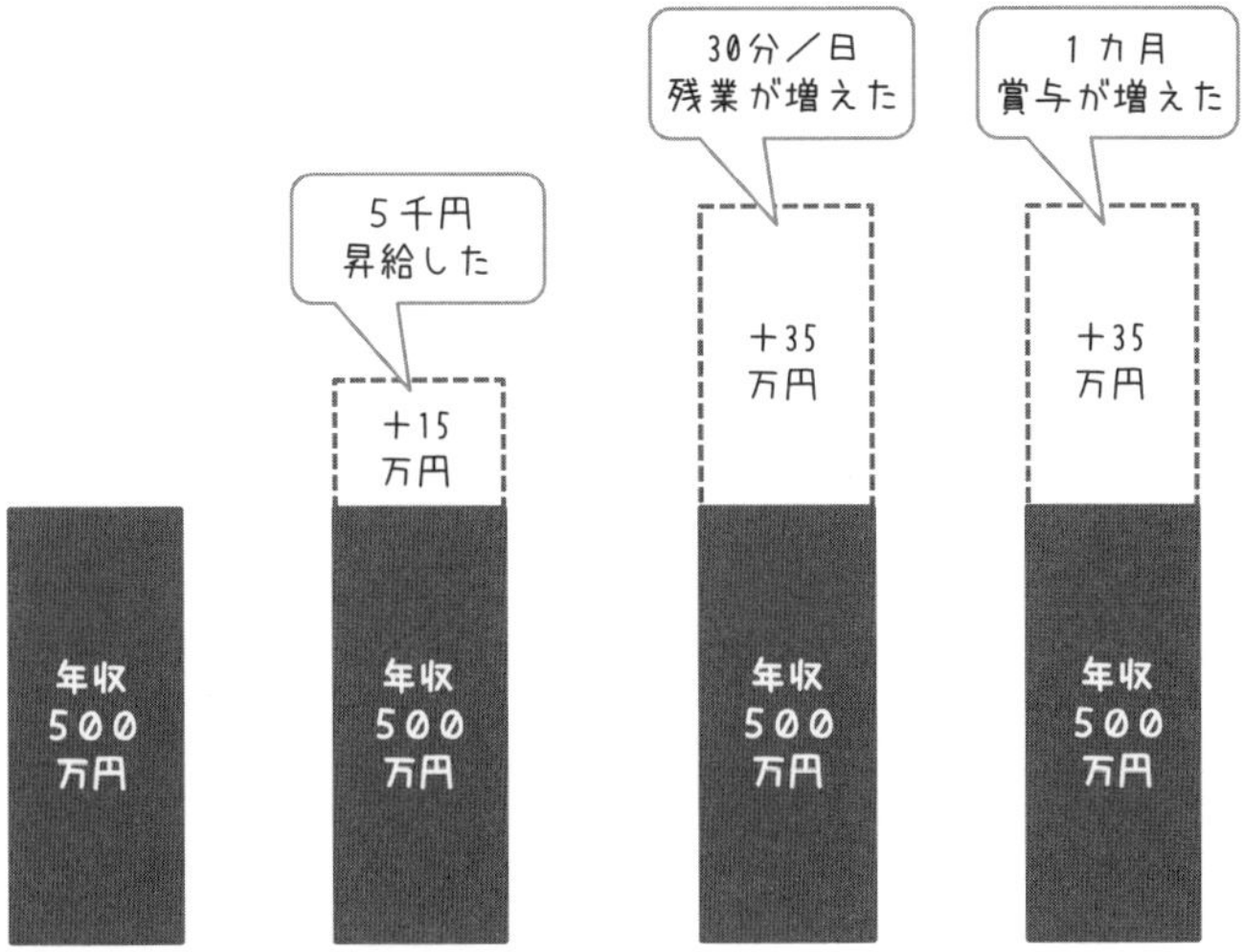

資の上限とすれば、人件費が前年を上回ることはありません。いくら昇給できるか、はいくらの人が何人やめるか、にかかっているのです。ただ、精緻にやろうとすると中途採用や自己都合退職も考慮しなければなりませんので、当該期の昇給原資として反映するのは難しいでしょう。

昇給より昇格

採用や退職と同様に影響が大きいのが、昇格です。これは、何人昇格させるかという議論よりも何等級に何人在籍させるかといったほうが良いかもしれません。管理職だけとっても、課長級の社員の人数と部長級の社員の人数が変動するだけでインパクトがあります。例えば、課長級の平均年収が８００万円、部長級が１０００万円だとすると、課長級12人、部長級6人の場合と課長級、部長級それぞれ9人の場合では、合計人数が同じでも600万円の差が出ます。これが各等級、広範囲にわたっていたらどうでしょうか。昇給額を数千円上げるかどうかよりも、各等級に何人在籍させるために今期は何人昇格させるか、のほうがインパクトは大きいことが多いでしょう。ただし、年齢給などが導入されていて等級と関係なく給与が決まっているような場合にはこの限りではありません。

また、人材マネジメント上から言っても、昇給よりも昇格を重視するほうが効果的である場合があります。昇給のうち、毎年の人事評価の結果に応じてその額が変動する部分を持つ会社が増えています。同レベルの大学で似たような教育を受けてきた、新卒一括採用された人材であれば1年間の習熟や能力伸長にそこまで大きな差はつきません。毎年のわずかな習熟レベルの差に対して数千円の処遇差をつけるよりも数年間の習熟度合いに応じて昇降格が決まるほうが自身の成長や昇格に対するモチベーションが高まることもあります。

いくら昇給させるかよりも何時間残業させるか

定期昇給といえば、毎月数千円～1万円程度が一般的です。一方で、月収30万円の社員が毎日1時間残業すると、月4万円強の人件費が変動するのです。毎日1時間多く残業するだけで年間では48万円、10人いれば480万円の人件費増です。昇給は残業や賞与にも影響することを差し引いたとしても、新しい人事制度で毎年の昇給額を5000円にするのか1万円にするのかを議論するよりも、社員全員が十分早く帰るためにはどうしたらいいかを議論するほうがよっぽど経営的なインパクトが大きいのです。

残業削減については、多くの企業で取組みがなされています。ノー残業デーや一斉消灯など強制的に退社させる施策から、業務改善などその内容は様々です。一方で、その効果をチェックして対策の見直しをするなど、継続的に取り組まれている例は多くありません。受注が増える、欠員が出たなどといって残業をする理由ができると徐々に取組みが形骸化するといった例もあります。

残業代は人件費における変動部分、経営としてのコントロールを効かせる部分であるにもかかわらず、そのコントロールを手放し、しようがないとあきらめてしまってはいないでしょうか。一定の残業がある会社であれば議論すべきは昇給額ではなく残業削減が効果的です。

残業以外の変動費として主要なものは、賞与です。短期的には、賞与で人件費をコントロールする企業も増えてきています。業績に応じて1カ月分の変動幅を持つだけで、1回分の昇給原資を吸収できるほどのインパクトを持ちます。昇給額をいくらにするかよりも人件費の変動費化、つまり年収における賞与割合を増やす、賞与における変動割合を増やす議論のほうが、短期的に見た人件費に対するインパクトは大きいのです。

3分間チェック！

マネジメントのポイント

□昇給よりも入退社、昇格でコントロール

1人・1月当たり数千円の昇給額は、退職者や採用者の年収額に比較すると人件費インパクトはかなり限定的です。また、昇降格や昇進も昇給額に比較すると人件費インパクトの大きいものです。人件費を考える上では、毎年の昇給額をいくらにするかよりも人の入れ替わりや等級別の人員数に関する議論が重要です。

□残業削減インパクトは大きい

定常的に残業している企業において、多くの場合が数千円の昇給額よりも1日30分の残業代のほうがはるかに人件費に与える影響が大きいのです。昇給額よりも残業削減に関する議論に時間を割くほうがはるかに建設的です。

□賞与を増やせば変動費化できる

総額人件費をコントロールするには、賞与も効果的です。賞与が固定的に支給されている、あるいは、そもそも年収に占める賞与割合が小さいなど賞与の在り方を見直すことで、より短期的な人件費コントロールが可能になります。

データ23

女性活用、組織間格差、採用精度も測定できる

――ハイパフォーマー・ローパフォーマー発生率②

データ23のとおり、HP・LP発生率は高業績社員、標準業績社員、低業績社員の発生率のことですが。さまざまなセグメントでの発生比率を再集計するとより有効な情報を得ることができます。代表的なものには男性女性別、組織別、採用経路別などです。男女別は企業の情勢活用度、組織別では、組織間の処遇差、採用経路別では、新卒、中途採用の有効度合が把握できます。

女性活用が進んでいるかを数字で検証

企業全体のＨＰ（ハイパフォーマー）、ＬＰ（ローパフォーマー）発生率とさまざまなセグメント別の発生率を比較すると経営に有用な情報を得ることができます。全体の発生率と特定のセグメントでの発生率が異なるのには何らかの特徴や原因があるからです。その代表的なデータは男女別の発生率です。近年女性活用を強化する企業が多くありますが、この女性活用がうまく進行しているかが一目でわかるデータです。

仮に男女を同じように採用し、配置し、教育した場合に、特殊な事情を除けばＨＰ、ＬＰの発生率に大きな差は発生しません。しかし同じ正社員総合職で男女別に統計を取った場合に女性のＨＰ発生率が低くＬＰ発生率が高いことが多くの企業で見られます。例えば図表の企業では、男性のＨＰ、ＡＰ、ＬＰ発生率が25％、60％、15％に対して、女性が10％、50％、40％となっています。同じ社員として採用しても男女という2つのセグメントを比較してこれだけ発生率が異なるということは、男女を公平に扱っていないことが想定されます。同じ総合職でも、補助的な仕事を担当させている場合などはこのような傾向になります。

またこの企業では女性の中でも30歳までの社員とそれ以上の年齢の社員の発生率が大きく異なります。30歳以上の社員の大半はＬＰ社員となっており、事務的な仕事、補助的な仕事をしていると想定されます。男女を平等にということで事務職、一般職といった職種を総合職に無理やり統合する企業

図表28-1 性、組織、採用経路別HP／LP率

＜男女別＞

（単位：人・％）

区分	LP		AP		HP		合計	
	人員数	割合	人員数	割合	人員数	割合	人員数	割合
男性	150	15.0%	600	60.0%	250	25.0%	1,000	100.0%
女性	120	40.0%	150	50.0%	30	10.0%	300	100.0%

＜所属組織別＞

（単位：人・％）

区分	LP		AP		HP		合計	
	人員数	割合	人員数	割合	人員数	割合	人員数	割合
営業部門	30	10.0%	180	60.0%	90	30.0%	300	100.0%
製造部門	200	26.0%	470	61.0%	100	13.0%	770	100.0%
開発部門	10	10.0%	50	50.0%	40	40.0%	100	100.0%
管理部門	30	30.0%	50	50.0%	20	20.0%	100	100.0%

＜採用経路別＞

（単位：人・％）

区分	LP		AP		HP		合計	
	人員数	割合	人員数	割合	人員数	割合	人員数	割合
新卒	180	18.0%	570	57.0%	250	25.0%	1,000	100.0%
中途	90	30.0%	180	60.0%	30	10.0%	300	100.0%

などもあり、その結果形だけの総合職となってしまう例です。

今後女性活用を推進していくための具体的な数字目標は、女性管理職比率20％のような目標もよいですが、まずは男女の差がなくＨＰ、ＬＰが発生することが最も重要です。このデータはさらに組織別などに細分化し、女性活用（ダイバーシティー）推進などが遅れている組織を特定するなど行うとより効果的です。

組織間の差はあるか

組織別にＨＰ、ＬＰの発生率が異なることについてもさまざまな議論があります。例えば営業部門と製造部門を比較して、営業部門に顕著にＨＰが多い場合などは、社員は製造部門への配属を好まし

いと思わないでしょう。組織間で発生率に差がある場合の代表的なパターンは以下のとおりです。

―意図的な配置

社内の優秀な人材を特定の部署に集中して配置することを意図的に行った場合には、当然ＨＰ、ＬＰ発生率は組織別に大きく異なります。例えば営業や製造を経験した社員の中で優秀な社員を、新規製品開発を行う開発部門に配属する方針の企業では、開発部門のＨＰ発生率は高くなって当然です。また品質保証部門のようにさまざまな経験を持った優秀な社員を集めて編成する場合なども同様です。これは経営の意図として行っているので問題はありません。

―見せかけの総合職

同じ総合職社員でも将来経営幹部としてマネジメントを指向させる社員と特定の業務に専従させる社員が混在している場合には、ＨＰ、ＬＰ発生率は特徴のある数字となります。例えば製造業で、全員を総合職として採用する企業があったとします。この社員の中には工場の製造現場を定年まで担当する社員も含まれていたりします。同じように事務に専従させるが総合職として採用する社員なども同様です。このような状況では同じ総合職でも、順調に昇格する社員と昇格が遅い社員または管理職まで昇格せず途中で昇格が止まる滞留社員が発生することになります。営業部門は全員マネジメントを指向させるが、製造部門は管理職として育てる社員が一部の場合などは、ＨＰ、ＬＰ発生率が大きく異なります。これは本来管理職として育てる総合職社員と一部の業務に限定、専従させる社員が同じ制度に混在しているということです。企業が求める人材としては、キャリアのゴールが異なるため、本来は別管理にしなくてはならないというシグナルです。

―社内アウトプレースメント

営業や製造、開発の第一線で活躍できない社員を、間接部門に配属する企業も多くあります。活躍できなくなった理由はさまざまですが、高齢となりパフォーマンスが低下した社員や何らかの事情でモチベーションが上がらない社員などが主であると想定されます。このようなLP社員を総務などの管理部門や製造業の場合には物流、購買などの工場間接部門に配置する企業は、配属された部門のLP比率が高くなります。これはLP社員の配置場所に困り、間接部門に配置するという〝アウトプレースメント（外への配置）〟が行われていると想定されます。余剰人員、余剰人件費となっている可能性が高いと推測されます。

このように組織別に発生率を見ることによって、新たな問題課題が発見でき、経営の改善を推進することが可能となります。

新卒採用か中途採用か

人材を調達するには労働市場から新規学卒社員を採用するか、中途採用を行うかのいずれかになります。この2つの採用経路は企業によってどちらを重視するかは大きく異なります。どちらの経路が効果的、効率的であるかを、2つの経路別にHP、LP発生率で判断することができます。

この企業では新卒社員に比較して、中途採用社員のHP発生率が低くLP発生率が非常に高くなっています。採用経路としての中途採用が効果的ではないということです。特殊な分野で固有の高い技術力を持っている企業であり、製品も非常にユニークです。そのため労働市場で全く同じ仕事の経験を持つ人が極端に少ない状況です。今までは新卒よりも中途を重視して採用してきましたが、あまりにもLP発生率が高く、大きな課題です。中途採用社員のLP比率が高い他の原因として、面接などの選考プロセスにもありますが、入社後の教育やフォローが十分でないことも考えられます。独特の企業文化であり、多くの中途採用社員は、この企業の文化にすぐにはなじめないのです。フォローが十分でないため、退職する社員も多く、残留した社員も高いモチベーションを持てません。その結果LP社員の発生が高くなってしまうのです。この企業では、新卒より育成することが、技術や文化の継承という観点では効果的であると判断し、中途採用は必要最小限に抑制し、新卒社員の採用を中心に据えることとしました。

人材を調達する2つの経路でHP、LP発生率が大きく異なるのは、採用の技術、定着施策、企業の文化、労働市場での類似人材の多寡によります。これらを適正にするためには、この経路別の発生率で議論することが必要となります。

3分間チェック！

マネジメントのポイント

□女性活用が進んでいるかを定量的に把握

女性の活用を推進するために、現在の男女別のパフォーマンスを把握して、その活用度合いを定量的に把握することが重要となります。

□組織別の視点から人事制度、人件費の妥当性を検証

組織別に発生率を把握し、企業に合った人事制度であるか、余剰人員や余剰人件費が発生していないかを検証することができます。定期的にデータを見ることによって人事管理のレベルを向上することができます。

□採用は効果的、効率的か？

採用の2つの経路である新卒採用と中途採用でパフォーマンスの違いがあるかを検証し、課題や問題がある場合は、採用経路の比重を変える、また採用・教育のプロセスの見直しなどを行い、採用活動全体のレベルを上げることが重要です。

データ24

会社全体のスキル量が競争力を決める
――スキルギャップ

スキルギャップとは、経営の求めるスキル量と実際のスキル量のギャップのことです。1人ひとりのスキルが充足しているかどうかではなく、会社全体として、特定のスキルや人材タイプ別にスキル量が充足しているかどうかを表します。

特定のスキルのスキルギャップを見る場合には、全体の何割の人材が不足しているかということになりますし、人材タイプ別のスキルギャップを見る場合には、全体の何割のスキルが不足しているかということになります。

組織的、定量的にスキル量を把握する

業績が思わしくないとき、あるいは問題が生じた際に話題に上がるのが、社員の知識・スキル状況ではないでしょうか。自社の社員は業績向上につながるスキルを保有しているのか、問題が生じないように業務遂行をする程度の知識は保有しているのか、経営メンバー内や人事としてその状況になって改めて議論されるのです。さらに、業績が思わしくないと管理職のマネジメントスキルが足りないなどといってマネジメント研修を実施したり、ハラスメント関連のトラブルが生じたので全社的にハラスメント研修を実施するなど場当たり的に研修を実施する企業も少なからずあります。

また、〝スキル〟と言うと個人が保有するものとの感覚が根強く、○○さんは十分で△△さんは不十分だという議論になりがちです。組織としてのスキル保有レベルが十分に議論されていないのです。組織としてスキルの全体量が定量的に、かつ常に、把握できていれば、計画的、効果的な研修の実施が可能になります。

スキルの全体量を把握する際には、まず経営として必要とするスキル量を明確にします。それは、必要なスキル×必要な人数で算出できます。算出した理想的なスキル量と実際の社員のスキルチェックを行って積み上げたスキル量との差がスキルギャップということになります。このギャップを埋めることで経営計画、目標達成に向けた理想的なスキル状況になるのです。

図表24-1 スキルギャップ

◆何のスキル、誰のスキルが不足しているのかを把握する

＜不足スキルランキング＞

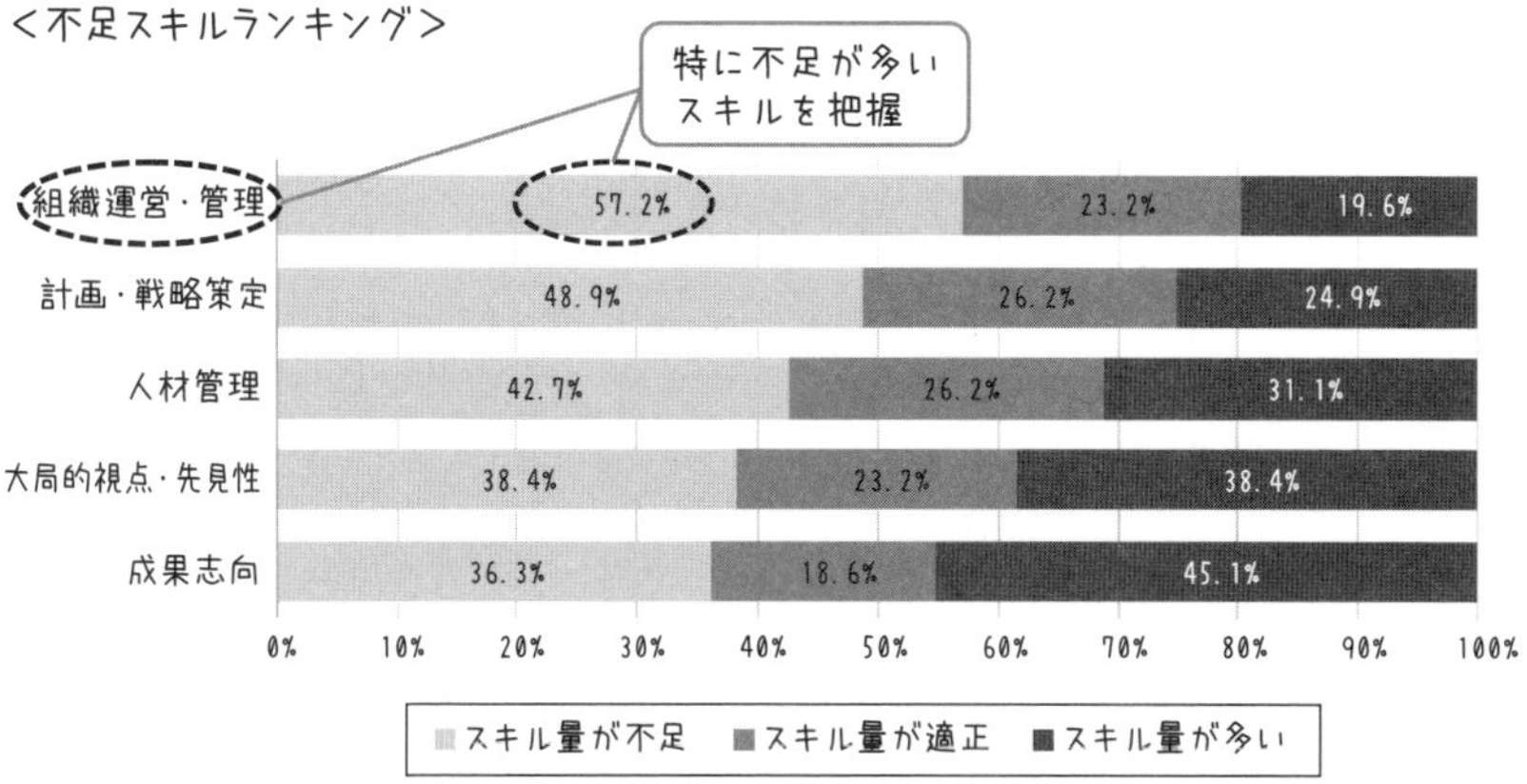

＜役職別スキルギャップ＞

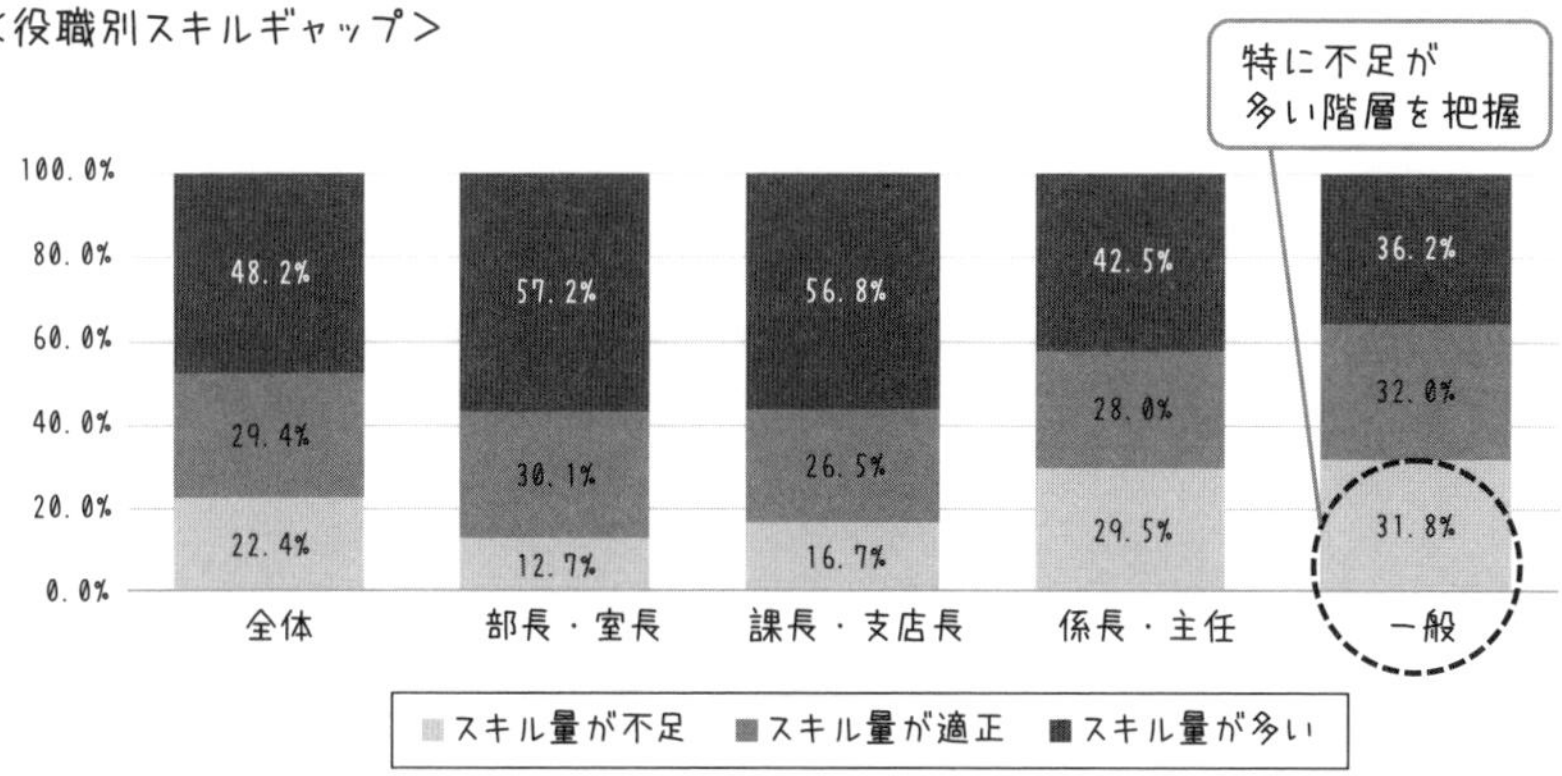

何のスキルを重点的に補強するか

組織全体としてのスキルギャップを確認すると、大枠で自社内に必要なスキルが保有されているかどうかがわかります。ただし、全体量が把握できただけではギャップを埋めるために効果的な施策を検討するには不十分です。経営計画達成のためには、〝何を〟重点的に補強すればよいかを把握するために、スキル領域別のスキルギャップを把握するのが効果的です。スキルギャップの大きい順（スキル量が少ない順）に並べれば補強すべきスキルの優先順位が見えてきます。また、教育方法についても、集合研修がいいのかEラーニングがいいのか、内容によって効果的なものもありますが、教育対象人数に応じて決めるのも1つの手です。スキルが不足している人数が多ければ自社内での集合研修が効果的でしょうし、逆に人数が少なければ公開型の研修への参加や重点的に指導するなど教育施策の検討の範囲を絞ることができるのです。

誰を教育すべきか

何のスキルを補強するかと同様に、誰を対象とするかも重要な議論です。限られた原資から教育投資をするのですから、より戦略的に実施したいものです。

例えば、等級階層別にみると係長クラスのスキルが不足しているということがわかったりします。

さらに、キャリアパスの連続性で見た場合に、課長クラスのスキルは充足しているものの係長クラスのスキルの不足が顕著で確かに近頃は課長候補者がでてこない、といったことも見えてきます。スナップショットで見たスキルギャップから短期的に業績向上に資するスキルの補強を検討することも重要ですが、長期雇用が前提で1つの企業の中でキャリアを積むことが多い日本においては、連続性の観点も重要です。必要な人材は採用すればいい、という考え方もありますが、まずは社内の人材への継続的な投資が企業の競争力を左右します。そのほか、年齢別、入社区分別、職種別、組織別などさまざまな切り口で分析することで、教育施策の範囲を絞ることができます。

定点観測する

スキルギャップは、まず現状を正しく把握するという点でも重要ですが、定期的に検証することも重要です。変化が激しい環境の下では、必要とするスキルも変化していく可能性も大いにあります。それは、最新の技術やＩＴ活用など求められる特定の専門スキルが変わっていくだけでなく、リーダーシップやコミュニケーションのタイプも変わっていきます。その変化のスピードも増しています。また、経営として投資して実施した研修の効果を測る際にも役に立ちます。当然、スキルレベルの向上と業績の連動も見る必要があります。補強したスキルは業績向上に寄与したのかどうか、寄与していないのであれば何を補強すべきなのか、は大変重要な議論です。研修効果は測りづらいなどといわれますが、スキルギャップを把握することで人材育成のＰＤＣＡを実現できるのです。

3分間チェック！

マネジメントのポイント

□不足しているスキルは定量的に把握

1人ひとりの日頃の仕事ぶりだけではなく、会社全体として定量的にスキル量を把握することで、より効果の高い教育施策を講じることができます。

□重点的に教育すべき人材群を特定

人材区分別にスキルの充足度を把握することで、重点的に教育すべき人材群を特定することができます。経営計画の達成のために誰に対して教育を行うかを絞り込むことで、より教育効果が高まります。

□業績に左右されることなく継続的に教育する

その時々で教育の範囲やレベルが異なると世代別にスキルレベルにばらつきが生じます。スキルギャップを把握した上で、継続的に効果的な教育を行っていくことが、経営計画の達成につながります。

データ
25

評価のインフレ化・中心化に注意

――人事評価データ

人事評価データは、能力・行動評価結果と業績評価結果のデータのことです。

評価は企業によって異なりますが、一般的には能力・行動の評価と一定期間の成果を見る業績評価の2つで評価します。この2つの評価結果をマトリクスに集計することで、評価結果の関係性を見ます。適切な評価がなされている場合は、正の相関関係がある傾向が高いといえます。

いつまでたっても向上しない評価レベル

人事管理において人事評価は、どのような企業でも問題だと言われます。評価に問題がないという企業を聞いたことがないくらいに人事評価については長年にわたって問題視され続けています。人事評価の問題は様々ですが、最も多いのは評価結果のインフレ（高ブレ）もしくは中心化といわれる現象です。

この評価のインフレや中心化が起こる原因として考えられることは2つあります。1つ目は、評価者が評価期間中にしっかりと部下の働きを見たり、コミュニケーションを取っていなかったり、部下から嫌われることを恐れたりするために、評価を甘くしてつけたり、全員に同じような評価をつけてしまうことです。

2つ目は、管理者が自分の部下に対して適正な評価をしても、他の評価者が評価結果を甘くした場合、相対的に自分の部下の評価だけが低くなってしまう可能性があるため、他の評価者が甘い評価をつけることを想定して自分も甘めにつけてしまう傾向があることです。

この評価のインフレ現象の問題に対して、過去から多くの対策が講じられてきたのも事実です。代表的な対応策としては、人事制度に対するアプローチと、評価者に対するアプローチの2つがあります。

人事制度に対するアプローチでは、評価結果に分布規制を設けて2：6：2のように正規分布にさ

図表25-1 業績・能力評価の関連性

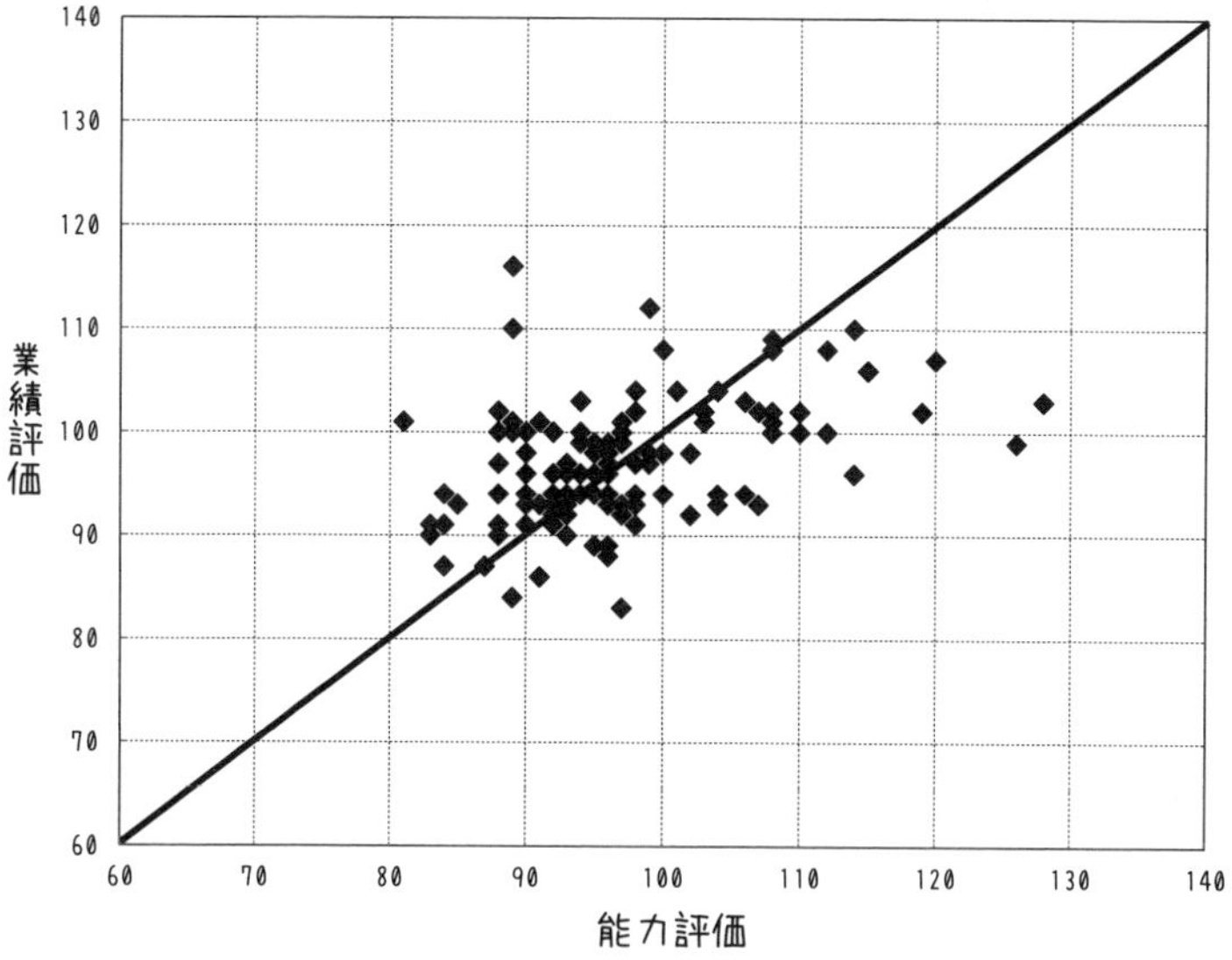

図表25-2 評価点分布

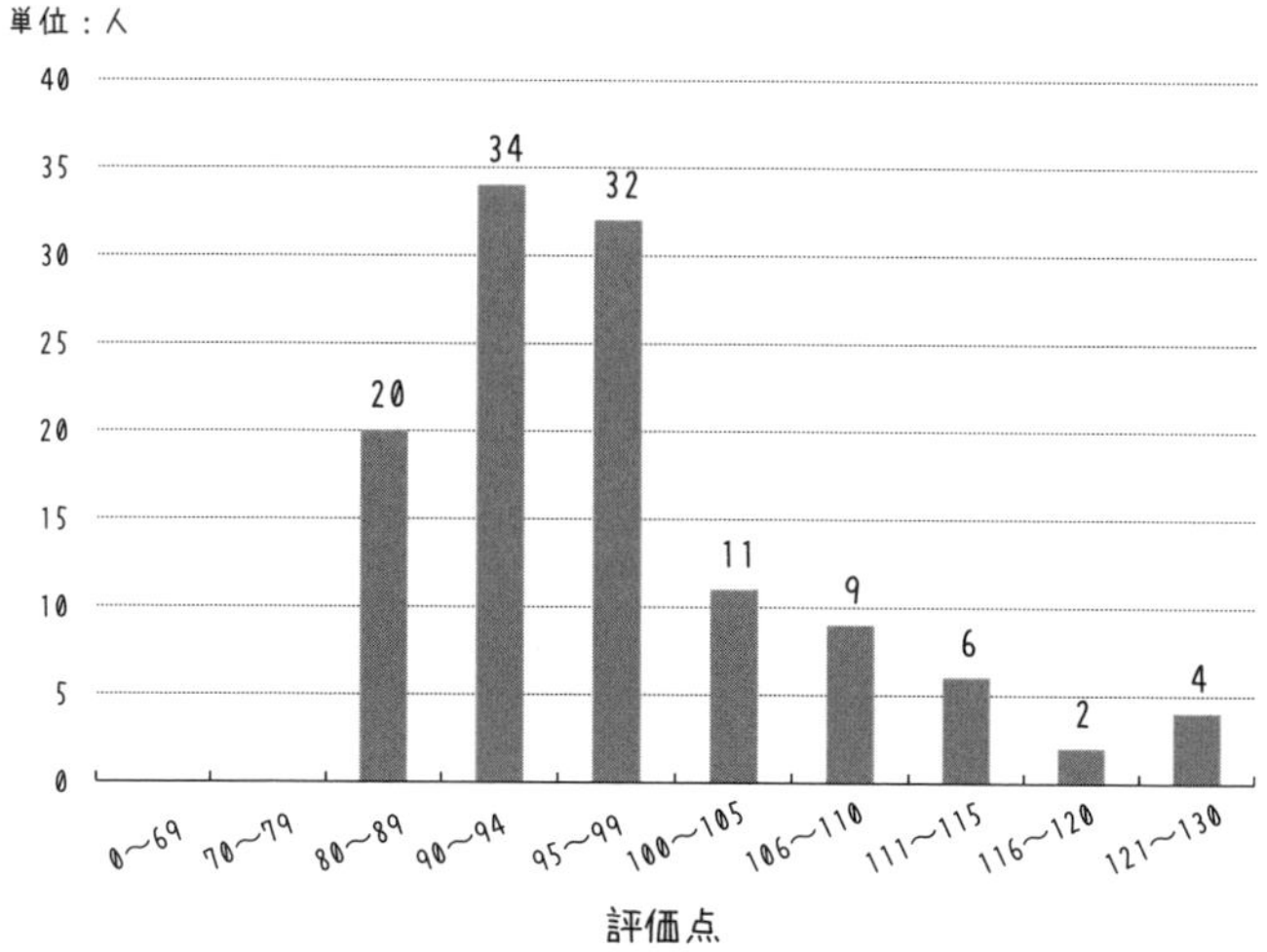

せて相対評価する手法です。分布規制を設けることで必ず評価結果を分散させることができるからです。もう1つは、評価を確定させるまでに複数段階設ける手法です。一次評価で甘くつけられた評価を、二次評価を設けることで評価結果を補正して最終評価を確定させるのです。

評価者に対するアプローチでは、半日～1日の集合研修による評価者訓練を行う手法です。この評価者訓練で行われる内容は過去からたいてい同じような内容で行われることが多いです。まず、「評価とは査定ではなく、人材育成のためにある～」といった評価の観念論に始まり、現行の評価制度の説明、よくある評価エラー「○○効果」「△△傾向」の理解、ケース・スタディを通して部下を評価してみる演習の実施、だいたいこのような流れで行われます。

しかし、これらの対応策は、本質的な評価レベル向上のための施策かと聞かれると懐疑的と言わざるを得ません。評価に分布規制を設ける相対評価は極めて多くの企業が取り入れていますが、これはそもそも評価者の評価レベルが低いことを前提としており、最終的に相対化されるのであれば、たとえ適切に評価をしても、きまった分布比率に強制的に補正してしまうので、いつまで経っても適切な評価になりません。評価を二次評価のように複数段階設ける仕組みも同様に、最も部下を近くで見ている評価者の評価を変更することになるので、正しい評価結果になることは永遠にありません。もっとも、これらの施策は、評価者の評価レベル向上というよりも、評価レベルが低いままで、昇給や賞与の原資を一定にするための対策の側面が強くあります。評価者訓練も、一般論や、べき論だけをいくらやっても評価レベルの向上にはつながりません。

もっと教育や人員配置に評価データの活用を

適切な評価が行われている場合、評価データは経営としては極めて有効なデータになります。例えば、人事制度において、企業が求める人材の要件が定義され、人事評価ではその要件をどの程度満たしているのかを評価することになるため、評価結果が適切になされていれば、現在の人員体制では、どのようなスキルが十分に満たされており、そのようなスキルが不足しているのかがはっきりと分かります。もし、不足しているスキルがあるのであれば、不足スキルを充足するためのピンポイントの教育施策を行うことで、効果的で投資効果の高い施策となるはずです。また、毎年の人員配置を検討する際に、社員個々人のスキルがどの程度あるのかが分かっていれば、より効果的な人員配置や、戦略的なローテーション施策を実行できるようになります。

しかし、現在は評価データに対する信頼性が著しく低いことが多いため、全くと言っていいほど、評価データが活用されていない企業があまりにも多いのが現状です。もっと評価レベルを向上し、信頼できる評価データとすることで経営に活用していくことが求められています。

評価レベルをいかに上げていくのか

評価レベルを上げていくための大前提は、絶対評価とすることです。優秀な人材を多く育成していくことは、どの企業においても重要だと思いますが、相対評価や複数段階の評価は優秀な人材を一定比率しか認めない仕組みです。また、評価者がつけた評価結果と最終評価が異なることから、適切な評価結果のフィードバックができず、部下が今後成長していくための機会を最初から奪っているようなものです。企業の業績向上に貢献し、高い生産性を上げるような社員を多く育成していくためには、絶対評価であることが前提となります。

次に、評価結果を評価者間で公開するようにして、各評価者の評価結果が適正なのかを評価者間で検証することが可能なようにすることです。評価結果のインフレや評価基準がそろわないといった現象は、評価制度の理解不足による原因も一部はありますが、評価者が自分の部下以外の評価結果が公開されていないことが原因となっていることが大半です。例えば、**図表25－1**や**25－2**のように、能力評価と業績評価の結果の関係性をグラフ化したり、評価点をヒストグラムにすることで、評価結果の全体傾向を把握することができます。

このように、より本質的に評価レベルを向上させるには、これまでの人事評価の在り方を抜本的に見直していくことが必要です。加えて、現在は過去よりも成果主義的・実力主義的な人事管理を行う企業が増えてきています。より成果主義的、実力主義的であればあるほど、評価の〝精度〟が高いことが求められます。そうでなければ社員のモチベーション低下の要因となり、優秀な人材の流出にも繋がってしまいます。

3分間チェック！

マネジメントのポイント

□相対評価や評価者研修は評価レベルの向上に繋がらない

決められた分布比率にする相対評価や、いつも同じような内容の評価者研修をいくらやっても評価レベルは向上しないことをもっと認識する必要があります。

□もっと評価データの活用を

本来評価データは、教育や人材配置を行うのに、極めて有効なデータです。もっと、評価データを経営管理に活用していくことが求められています。

□絶対評価と評価データの公開

評価を人材育成に繋げるには、絶対評価であることが前提です。評価基準のズレは、相対評価や2次評価で行うのではなく、評価データを評価者間で公開し、相互で検証を行うことが必要です。

データ26

見極めにも育成にも使える
──360度評価

360度評価は、上司・部下・同僚など、複数の視点を通して対象者を観察・評価した結果のことです。

より客観性の高い組織全体としての人材の傾向を把握する、あるいは求める人材がどこにいるかを把握することができます。また、観察・評価する視点によるギャップや自己評価とのギャップを見ることで本人の気づきにもつながります。

〃客観性が高い〃だけではない

近年、大企業を中心により客観性の高い評価、管理職の活性化などの理由で360度評価、別名多面評価の導入が進んでいます。直属の上司だけでなく部下や同僚が評価者になることによって、まさに多面的に行動を評価することができます。これが通常の人事評価を補完する形で客観性を高めることにつながります。例えば、数年間の人事評価をもとにある人材の昇格判断をする場面においても役に立ちます。複数年の評価結果が良く、安定して実力を発揮していることが分かったとしても、全て同じ上司の評価なのであれば360度評価結果も見ておくことで昇格の精度はより高まります。多くの場合、直属の上司は部下を「昇格させてやりたい」と思うものです。管理職を中心により実力主義が進行する昨今、「昇格させてやりたい」気持ちよりも客観的なデータをもとにより慎重に昇格判断をする企業が増えているのです。実力のない人材がどんどん昇格していくのも人件費を圧迫して困りますし、実力のない人材は降格させるにしても昇格に比べると難易度が高いので、なるべく降格が発生しないようにするという意味でも活用されています。

また、360度評価結果は、評価結果として見極めに使うだけでなく人材育成に活用することもできます。日頃から上司の指導は受けていても部下や同僚からの指導など受けることはないでしょう。360度評価結果はいわば部下や同僚からの指導であるともいえます。普段とは異なる新たな視点からの指導が期待できます。しっかりと受け止めることができれば成長のための大きな糧となるでしょう。

図表26-1 360度評価

◆項目別の個人の集計結果（自己評価と他者評価平均の比較）

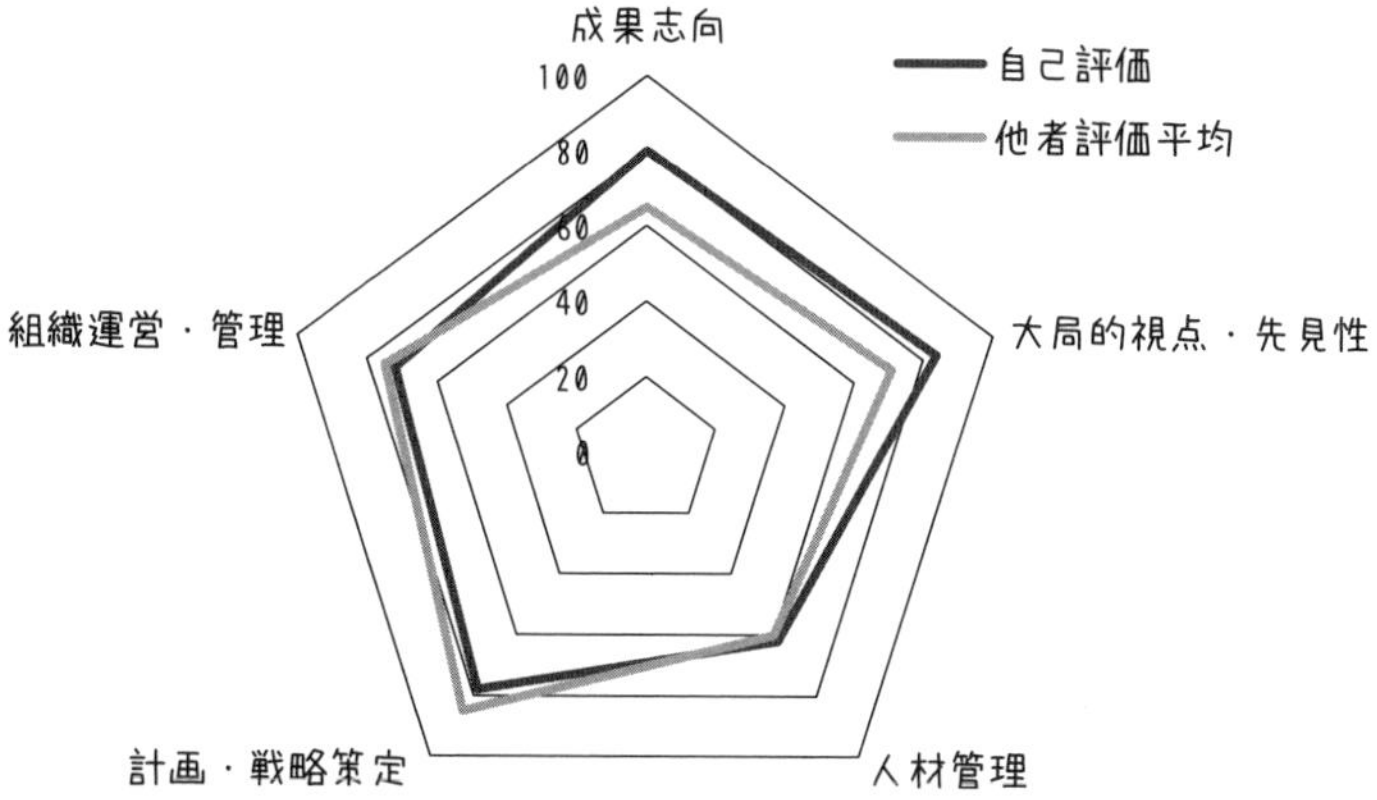

◆自社の人材の全体傾向

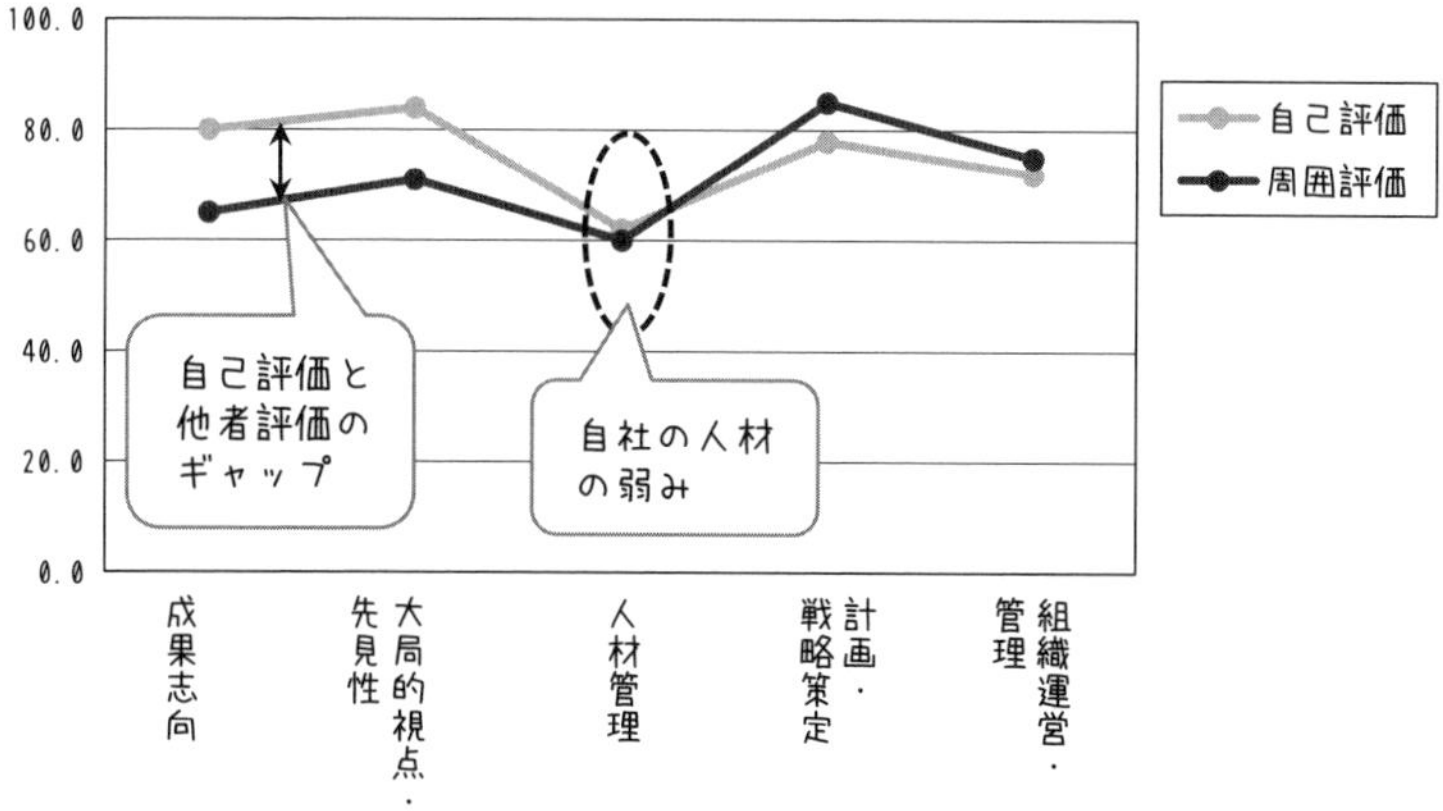

自社の人材の全体傾向と突出した個性がわかる

３６０度評価結果は、個人のものだけではありません。組織全体として分析しても意味があります。新卒一括採用されて同じ環境で同じ仕事をしてきた社員であれば、ある程度同じ傾向を示します。また、受けた教育や組織の文化といったものも影響するかもしれません。技術に定評のある会社では知識・技術は高い傾向にあるがコミュニケーションが不足しているということがわかったり、組織内・組織間のコミュニケーションには問題ないが計数管理の知識やスキルが不足しており、感覚的に物事が進められていることが分かったりします。自社の人材のタイプ、強み・弱みを感覚的ではなく定量的に把握することができます。結果をもとに教育施策に盛り込む、あるいは新たに採用すべき人材のタイプが明確になります。さらに、組織や性別、年齢などの人材群ごとに分析することも有効です。

また、ある程度同じ傾向を示す人材群の中で異なる傾向を示す社員がいれば目立ちます。多くの場合、目立つ人材というのは経営や人事側でも把握はされているものですが、３６０度評価という多面的な検証を行うことで、経営や人事の評価の正しさや、部下や同僚から見て一貫した行動傾向であることが裏付けられます。多面的であることから、今まで経営や人事では把握しきれなかった隠れたハイパフォーマーが発掘されることもあります。あるいは、環境変化に伴い今までとは異なるタイプの人材が必要である場合にも自社にはそういった人材がいるのか、どこにいるのかをつかむことができます。

リーダーシップ行動の効果を検証する

管理職など組織的な影響力を持つ立場であれば、ある程度は自らの行動がどのような影響を及ぼすかを考えて、コントロールしているはずです。３６０度評価結果は、その行動が狙いどおりに効果を発揮しているかを検証するためのデータにもなるのです。日頃の行動を意識して自己評価することで、その傾向が他者評価の傾向とどのような関係にあるかがわかります。自身の行動がどのような効果をもたらしたのかがわかるのです。例えば、日頃からことあるごとに会社や組織、個人の目標と関連付けたコミュニケーションを心掛けていた場合、その効果がリーダーシップ行動としてデータに表れているかもしれません。逆に、自分としては他部署との連携を意識した行動をとっているつもりでも、組織横断的なコミュニケーションが不足している、という結果が出るかもしれません。その一致や差異の度合いや傾向を分析することで次の行動に活かすことができます。定期的にチェックしてブラッシュアップできれば、格段にマネジメントレベルが上がるでしょう。

自己評価と他者評価のギャップに対して、瞬間的に気分を悪くするということもありますが、その結果についても冷静に受け止め、〝客観的に〟分析することが自身の成長に大いに役立ちます。また、上司・部下・同僚別のギャップを検証することで、日頃の行動が上司へのアピールに終始していないかも如実に表れます。３６０度評価結果は、自身の行動を振り返り、調整するための自己管理ツールにもなるのです。

3分間チェック！

マネジメントのポイント

□昇格判断は慎重に

特定の上司の人事評価結果だけでは、昇格判断の情報としては足りない可能性があります。部下・同僚を含めた客観性の高い３６０度評価結果も参考にして、昇格後に後悔しない昇格判断が重要です。

□全体傾向と個別の特徴を把握する

自社の人材の全体傾向を把握することで、教育施策や採用計画に盛り込むことができます。また、個人別の相対的な得意・不得意領域も見えてくるので、必要人材を新たに採用しなくても社内で発掘することもできます。

□強力な自己管理ツール

自身で意識している行動と他者からの見え方の一致度合や差異を検証することで、自己マネジメントレベルの向上につながります。

データ
27

的外れな対策が横行
——モチベーション

人事管理では、社員のモチベーションの高低を数値化したデータが使われます。一般的には、モチベーションを構成する要素に分けて、要素ごとの高低を見ます。年齢別、男女別、等級別、部門別、地域別等の様々なセグメントに分けてみることで、より細かく社員のモチベーションの高低を知ることができます。

社員のパフォーマンスを大きく左右するモチベーション

企業の人事管理において重要な要素は、大きく分けるとポートフォリオ管理とパフォーマンス管理の2つだと言われています。ポートフォリオ管理は、〝企業目的を達成するために必要な人材資源を適正に保有している〟ことを言います。また、パフォーマンス管理は、〝雇用され配置された社員がより高い成果・業績を上げるための管理〟のことを言います。パフォーマンス管理の中でも特に重要だと言われているのが、社員のモチベーション管理です。いくら素晴らしい能力・スキルを持った社員を適正に配置し、的確な指示をしたとしても、社員のモチベーションが低ければ、企業の経営計画や目標を遂行し、達成することはできません。

その社員のモチベーションを決定する要素は主として、①企業・ブランド、②職場・人間関係、③職務・処遇の3つの要素で構成されています。社員のモチベーションを上げ、パフォーマンスを向上させるためには、現在の社員のモチベーションの状況を把握し、モチベーションが低下している場合、なぜモチベーションが低下しているのか、また、モチベーションの誘因となるものは何なのかを適切に把握することが重要になります。加えて、社員のモチベーションは常に一定ではなく、常に高低が生じます。そのため、モチベーションが高い状態を維持・継続できるように、継続的に調査して、改善施策を講じていく努力が必要です。

図表27-1 モチベーションサーベイ

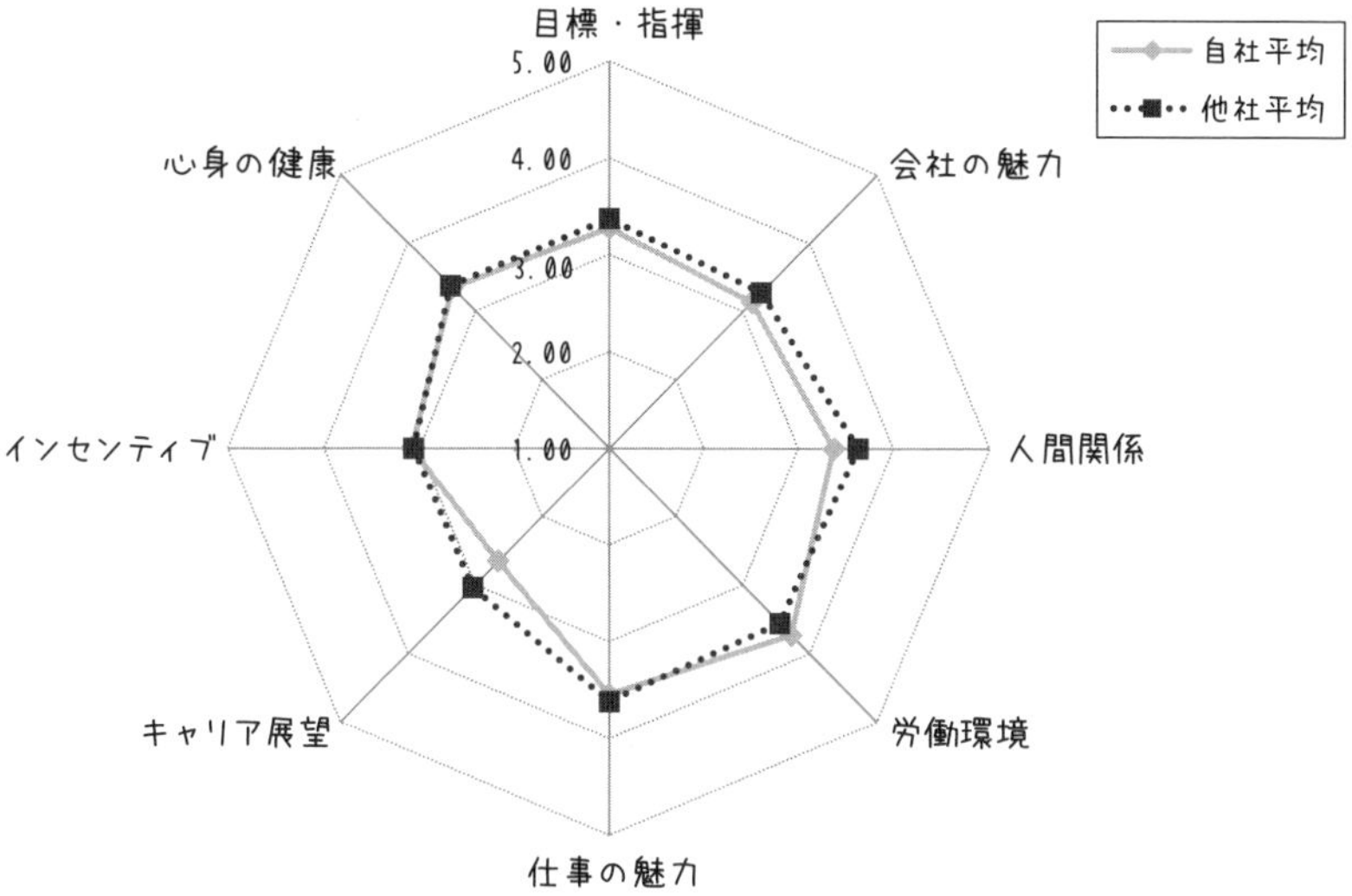

的外れな中高年のモチベーション対策

中高年のモチベーションが低下しており、モチベーションを上げ、再活性化を行うために研修を実施する企業は多くあります。背景を伺うと、役職に就くことができなかった管理職相当の社員や、役職定年を迎え役職から降りた社員が、自身の今後の企業内における昇進・昇格の可能性がないことを認識し、キャリアゴールが明確に見えるようになった時に、能力・スキルを向上させることに無関心になったり、やる気をなくすという類のものが多いです。いわゆる、キャリア・プラトーの状態になった社員のことです。

このような中高年社員に対して、研修の中で、キャリアの棚卸や、新たな自身の役割を認識してもらうことで意識変革を図り、再度モチベーション高く職務遂行してもらうことをねらいます。しかし、このようなモチベーション低下の現象に対して、研修による効果は極めて薄く、限定的です。モチベーションを上げるには、人間の自己実現欲求に訴求し、内的動機付けを行うことが重要だとの考えに則ったもので、教科書的にはその通りなのですが、本質的には社員個人の問題ではなく、人事管理の構造的問題であることが往々にしてあります。

管理職相当の社員や役職定年者が多くいる企業は、年功的な人事管理で多くの社員を管理職相当の等級・グレードまで昇格させていることが大半です。この仕組みは、多くの社員を一律に総合職として雇用し、将来は誰しもが経営幹部になる可能性を残すことで、〝将来の昇進・昇格可能性〟という中長期のモチベーション維持・向上をさせる非常に優れた仕組みではありますが、逆にいうと〝将来の昇進・昇格可能性〟がなくなった時にはモチベーションが構造的に低下する仕組みです。人事管理そのものの見直しを行わない限り、モチベーションを上げることは難しいといえます。

見るべきはハイパフォーマーのモチベーション因子

これまでのモチベーション向上に対する取組みの多くは、社員全員に対してモチベーションを高くすることを期待し、人事管理も全社員のモチベーションを上げるような施策が検討される傾向がありました。しかし、現実的にはモチベーションの高低や、その要因は様々なため、全社員のモチベーションを一律に向上させることには無理が生じます。限られた経営資源の中で、より組織として高いパフォーマンスを発揮し、経営計画を達成するには、アベレージパフォーマー以上のモチベーションを上げることが求められます。

特に、重要になるのが、ハイパフォーマーのモチベーションを上げる因子となっているものは何かを調査によって明確にすることです。そして、ハイパフォーマーのモチベーションをより上げるとともに、アベレージパフォーマーもより高いパフォーマンスを発揮してハイパフォーマーになることができるような人事施策を検討することが求められます。

モチベーションサーベイは経営者の成績表

モチベーションサーベイを実施したくないと考える企業も少なからずあります。その理由の多くは、社員のモチベーションが低かった場合、経営者の経営力が低いという、成績表をもらうような感覚になり、なかなか実施に踏み切れないのです。

経営の管理レベルを上げるためにも、厳しい結果が出ることに対して素直に受け入れるだけの度量の大きさが経営者には求められています。

3分間チェック!

マネジメントのポイント

□まずは社員のモチベーションを把握する

悪い結果が出る可能性があっても躊躇せず、まずはモチベーションサーベイを実施し、社員のモチベーションを把握することが重要です。また、結果を素直に受け入れることが経営者には求められます。

□ハイパフォーマーのモチベーション因子を明確にする

ローパフォーマーにもモチベーションが高い社員はいます。重要なのは、ローパフォーマーではなく、ハイパフォーマーの「パフォーマンスに繋がる因子」は何かを明確にすることです。

□モチベーションは定点観測する

常に社員のモチベーションが高い状態を維持・継続できるように、定期的にモチベーションサーベイを調査する必要があります。

データ28

ハイパフォーマーは満足しているか
――リテンション率

リテンション率とは、高業績社員（ハイパフォーマー）が労働市場に比較して給与賞与に満足し定着（リテンション）が促進できている率（同時に低業績者が給与賞与に不満足である率）のことです。前出の人材流動性のデータをもとに業績の貢献度合いによって再集計したデータです。

企業に高い貢献をしている社員は離職しないように、給与賞与を高く出します。逆に企業への貢献の少ない社員に対しては、給与賞与を低くします。このように高業績社員の給与・賞与の満足度が高い状態にあるかを把握するための数字です。

望ましい〝メリハリ〟とは

企業が安定してより成長するためには、業績を上げる社員が安定して雇用（リテンション）され、かつ高いモチベーションを維持することが重要です。社員をハイパフォーマー（高業績社員、ＨＰ）、アベレージパフォーマー（標準的な貢献の社員、ＡＰ）、ローパフォーマー（低業績社員、ＬＰ）に分けたとすると、ＨＰ、ＡＰ社員は年収に満足することが望ましいでしょうし、ＬＰ社員は必ずしも満足する金額を払う必要はありません。

どの企業でも〝メリハリ（正確には配分差）〟をつけろといいますが、配分差には２つあります。〝社内的配分差（相対的配分差）〟と〝労働市場的配分差（絶対的配分差）〟です。社内的配分差とは、優秀な社員には他の社員に比較して多くの配分を行うというものです。この配分金額は企業によって大きく異なります。優秀な社員に年収で10万程度の差しかつけない企業もあれば、数百万もの差をつける企業もあります。個別企業の感覚によって相対的な差をつけているものです。

これに対して労働市場的配分差は、労働市場に比較した場合の高低が基準となります。要はＨＰ、ＡＰ社員は社外に流出してもらいたくないので、労働市場に比較して高くなるように配分するのです。労働市場の年収の＋＝10％の範囲であれば、市場と同じ水準と認識し、10％以上高い場合には労働市場に比較して優遇されていると認識するはずです。逆に10％以上低い場合には転職を考えるくらいの低い水準と言えるでしょう。このような労働市場での価格を基準に、適正に配分差を実現することが

図表21-1 リテンション率を確認する流れのイメージ

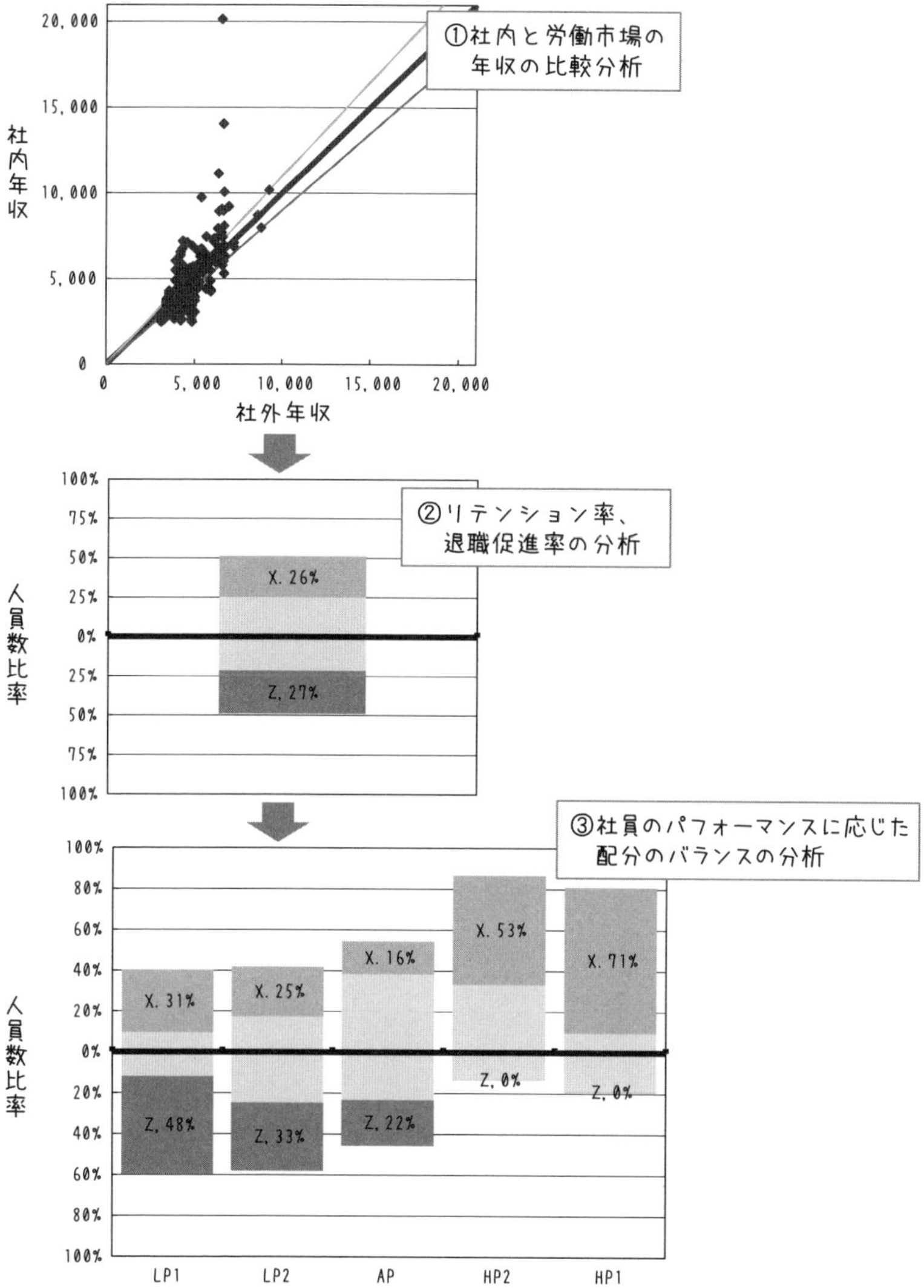

X…給与賞与が高いと認識している人数比率（労働市場より10%以上高い）。Xがリテンション率
Y…給与賞与が労働市場とほぼ同水準と認識している人数比率（労働市場の+=10%範囲内）
Z…給与賞与が低いと認識している人数比率（労働市場より10%以上低い）。Zが退職促進率

極めて重要です。

〝メリハリ〟の実態

多くの企業は近年〝成果主義〟〝実力主義〟の人事制度を導入しています。かつての年功序列的文化から、成果を出した社員に多くの分配を行うことが重要であると判断しています。〝メリハリ〟の強化ということです。この結果以前より配分差は大きくなりましたが、経営者の実感としてはまだ十分な差をつけていないという認識ではないでしょうか。

確かに仕組み上は大きな差がつくようになっていますが、その配分差を決定する評価がうまく機能していないために、結果として大きな差がついていません。また社内的配分差で仕組みを作っている企業が多く、そもそもその程度の配分差では労働市場的に見ると意味のない差である企業が大半です。そもそも意味のある差でなく、評価が甘く実際の貢献度が評価されない、一生懸命評価表を作成し、給与や賞与を決定しても、労働市場的に見ると意味がないことに多大な労力をかけていると言われてもしかたない状況なのです。

労働市場的な配分差がほとんどない企業は、HP、AP、LP社員とも同じような給与の満足度（不満足度）です。HP社員が離職する可能性とLP社員が離職する可能性がほぼ同じとなります。同時にLP社員のうち給与に満足している比率が高く、労働市場より高いと感じているので決して辞めないという構造であることが多いのです。

優秀な社員をリテンションする仕組み

優秀な社員や標準的な社員は企業の主力であることから、この社員が退職することは望ましくありません。そのため限られた人件費の中でこれらの社員の退職を防止（定着…リテンション）するためには、ＬＰ社員への配分を少なくし、その分をＨＰ、ＡＰ社員へ分配することが必要となります。

情報産業やサービス業など環境変化や競争が激しい業界では、このような労働市場価格を基準とした給与制度を指向する企業が非常に多くあります。厳しい環境下で業績を伸ばしていくためには、ＨＰ、ＡＰ社員の定着を促進し、パフォーマンスをより向上させなければ生き残ることが難しいからです。

このような考え方に基づくと、例えばＨＰ社員の満足度を高めるために、年収を労働市場の10％以上になるようにします。この企業が業界平均並みの年収水準とするのであれば、ＬＰ社員は労働市場に比較して10％以上低くするような仕組みということになります。人事管理を強化することで企業の業績が安定し向上するためには、仕組みが労働市場と連動して合理的な設計がなされなければなりません。テクニカルな仕組みはともかくとして、給与制度が経営の意図どおりに組み立てられ、機能しているかを点検する必要があるでしょう。

実力主義と雇用責任

リテンション率とは、企業に定着を促進する率ですので、俗的に言えば〝辞めない〟比率です。逆に年収に不満足な率は退職をしても仕方のない水準ということですので、〝退職促進率〟ということになります。

当然HP、AP社員はこのリテンション率が高いことが望ましく、かつAP社員よりHP社員のほうが高いことがよい状態です。同時に退職促進率も低くなければなりません。一般にはLP社員のリテンション率は低く、退職促進率が高いことが〝成果主義〟〝実力主義〟ということになるでしょう。

LPの退職促進は企業によってスタンスが異なります。LP社員でも長期に雇用する方針の企業では、LP社員のリテンション率が高く退職促進率が低くとも問題はないということになります。そうなるとHP、AP、LPの社員のリテンション率、退職促進率はほぼ同じということになるでしょう。しかし〝成果〟〝実力〟を強化する企業では、LP社員のリテンション率を下げ、退職促進率を上げるということになります。この考え方はLP社員を長期に雇用しないというものです。LP社員は年収を労働市場に比較して低く設定するので、暗に退職を促進していることになります。全員を定年まで安定して雇用するという考えではなく、一部の社員には退職を促進することを前提としているのです。成果・実力主義では全員を最後まで雇用するというスタンスをとっていないとも言えます。

3分間チェック！

マネジメントのポイント

□自社の〝成果〟〝実力〟主義度合いを数字で把握する

業績の貢献度合いに応じて、社員に対しての給与賞与を決定しているかを、データで把握することが重要です。人事管理の理念として〝成果〟〝実力〟と実際の配分が機能しているかを点検する必要があります。

□労働市場的な配分の差を生み出す仕組み

主力の社員の定着を促進するためには、労働市場の視点で給与や賞与を決定することが求められます。社員の定着、退職をコントロールするための仕組みとして合理的に設計されなければなりません。

□全員定年まで雇用する方針を見直す

採用した正社員全員を定年まで雇用する方針であるかを確認が必要です。〝成果〟〝実力〟主義を強めるのであれば、ＬＰ社員の退職を促進する意図があり、定年まで雇用しないことになります。

データ
29

将来の人件費はほとんど決まっている
——将来予測人件費

将来予測人件費は、現在の人事制度と人員構成をもとに5年、10年、20年後の人件費を予測したものです。人件費は人員数と人件費単価で構成されるため、将来の人員数と人件費単価が分かれば、算出できるのです。

将来予測人件費＝等級別の人員数×等級別の人件費単価

かなり先まで予測がついてしまう人件費

毎月の販売計画から3年・5年の中期経営計画など、売上、利益の計画は一般的によく見られます。しかし、人件費の計画はどうでしょうか。その利益が達成できる人件費になるのか、検証されている企業は多くないようです。10年先の人件費など予測がつかないだろうと思われるかもしれませんが、実際はそうでもありません。むしろ事業環境の変化が激しい中での売上予測よりも、よほど精度の高い予測が可能です。なぜならば、人事制度や過去の運用を基に、毎年採用・退職がどの程度発生し、何人昇格するかがおおよそ予想がつくからです。長期雇用を前提とすれば自己都合退職者数も大きく変わらないでしょうし、毎年何人の社員が定年を迎えるのかも今の社員の年齢がわかれば予測がつきます。現行の人数を維持しようと思えば、毎年何人採用すればよいかも予測できますし、採用計画があればそれに沿った形で予測することが可能です。また、ある程度年功的な制度または運用であれば、毎年何人の社員が昇格するかも予測がつきます。法律による解雇制限を考えれば、日本の多くの企業は長期雇用であるでしょうし、多かれ少なかれ年功要素があるのが一般的です。今いる人材のほとんどが65歳まで勤め上げると考えれば、多くの企業で、10年後、20年後の人件費は、ほとんど決まってしまうのです。

図表29-1　将来の人員構成・人件費の考え方

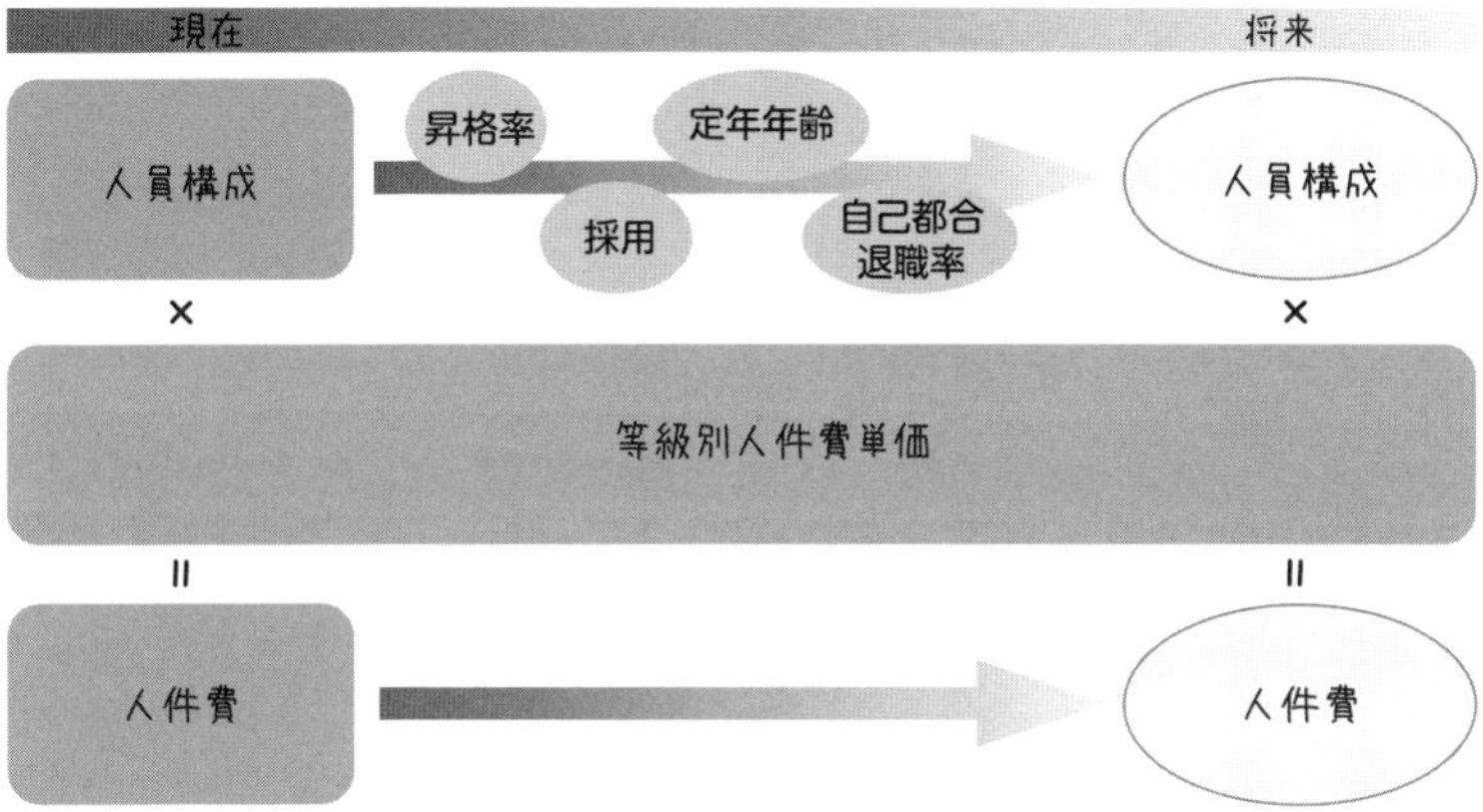

図表29-2　将来人件費予測

◆人数が変わらなくても人件費は増加する

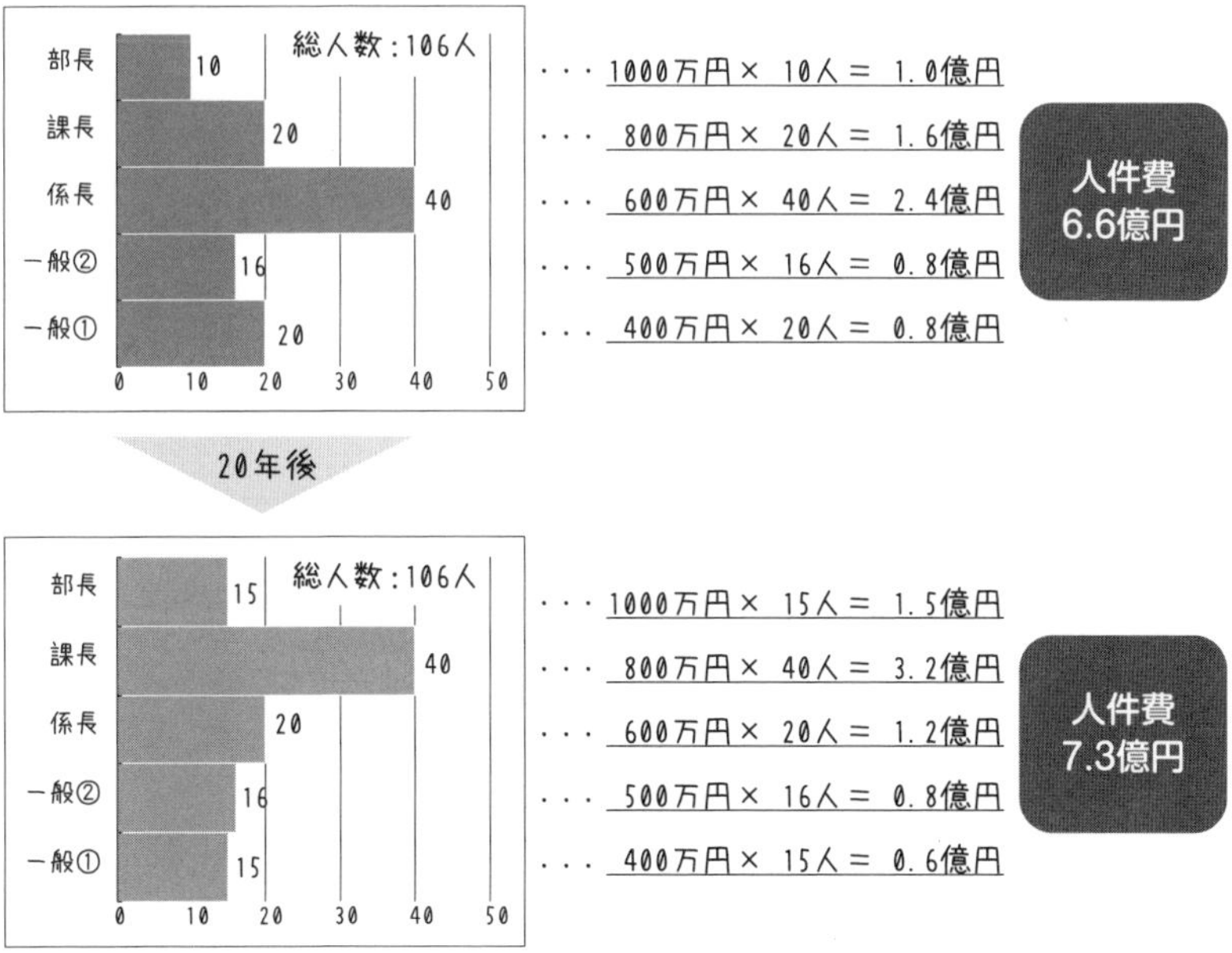

人数が変わらなくても人件費が増える

売上の計画とともに人員数の計画を立てている企業はあります。それでも、人員数が変わらなければ人件費も変わらないと考えられています。しかし、多くの会社でそうはいかないのが現実です。それは、歪《いびつ》な人員構成と年功的な人事制度、運用からくるものです。人員構成が歪だと、いつかは高年齢層の相対的な人数が増えます。そのような企業で年功的な人事制度、運用を継続すると賃金が高い高年齢層の人数割合が増えることになるので、同じ人員数であっても若手が多い状態と比べて人件費が高くなるのです。

事業構造が変わらず、人数も変わらなければ利益構造も変わらないと思いがちですが、実際に人件費を予測してみるとそうはならないことがあります。同じ売上、同じ体制でも利益が半分、ということもあり得ます。業績連動型賞与など、人件費の変動費化は進められてはいますが、人件費の半分も変動費化することはできません。4カ月の賞与が変動費であると考えたとしても、全体の3／4が固定費です。経営計画を策定する際には、利益を大きく左右する人件費の予測が必須と言えるでしょう。

将来の人件費が予測できたら、中長期的に利益を出し続け、成長し続けるためにはどのような施策が必要か見えてきます。やはり年功的な人事制度と高齢化が将来の利益を圧迫するのであればより実力主義を強化する必要があるでしょうし、現在の利益水準は問題なくても、将来の人件費を考えると希望退職や退職勧奨などの雇用施策の決断を迫られていることがわかるかもしれません。

幹部人材が不足する

多くの企業では毎年の採用人数が計画されています。人事で一括管理している場合もありますし、全国展開の企業であれば、地方の採用は現地に任せている場合もあるでしょう。いずれにせよ、今の計画どおり○人採用して、同じように育成していくと将来の人員体制がどうなるかということも同様に予測することができます。人員体制の予測も人件費と同様、人材マネジメント上は重要な指標となります。それは、企業には事業を運営していく上で必ず必要な人材というものがあり、それはただ全体の人員数が充足すればよいということではないからです。例えば、各組織のトップには常にふさわしい人材を配置したいと考えます。○○事業のトップにふさわしい人材をタイミングよく中途採用で外部から調達するというのは簡単なことではなく、必要な人材は、時間をかけて社内で育成することが多くなります。標準的な育成・成長モデルを作り、それに沿って育成ができればおのずと必要な人数だけ管理職候補が現れるというのが望ましい運用ではありますが現実はそうもいきません。退職率が高く、必要人材が充足しない場合もあるでしょうし、必要な教育投資がなされず多くの滞留人材が生じてしまうこともあるでしょう。そもそも成長モデルがない場合もあります。

将来の人員体制を予測することで、将来的にどの階層の人員が不足してどの階層の人員が過剰になるのかがわかるため、育成などの時間がかかる人事施策も適切に実施することができます。来年部長の半分が定年退職なのに、後継者がいない、と慌てることもなくなるでしょう。

3分間チェック!

マネジメントのポイント

□利益計画には人件費予測が不可欠

長期雇用を前提とした人事管理を考えれば、将来の人件費は予測が可能です。売上、利益計画を立てるとともに、人件費を予測することで、計画上の利益が実現可能かどうかを検証することができます。利益に大きく影響する人件費の検証がなされれば、利益計画の実現性が高まると言えます。

□将来の後継者不足を未然に防ぐ

今までの人事制度とその運用の結果出来上がったのが現在の人員構成です。同様に、このままの制度、運用を続けた場合の人員構成を定量的に把握することで、より具体的にとるべき施策が見えてきます。幹部人材の不足が予測できれば育成などの時間がかかる施策にも手遅れになる前に着手できるでしょう。

□人件費増加リスクを最小限にとどめる

将来の人員構成を予測することで、人件費の推移もわかります。高等級社員が増えて人件費が増加するリスクがどの程度あるのか、リスクを回避・提言のために人事制度や運用を改める必要があるのか、希望退職などの雇用施策まで必要なのか、あらかじめ予測しておくことでより正しい判断を下す可能性が高まります。

データ30

モチベーションの低い人材が増える？
——再雇用率

再雇用率とは、定年後継続して働く社員の割合です。退職率とは逆で、定年を機に退職する人が多ければ下がり、継続雇用を希望する人が多ければ上がります。

再雇用率＝再雇用者数／定年退職者数

期待はされないが働き続ける

今、多くの会社で設けられている60歳の定年後、継続して働き続ける人が増えています。再雇用率が上がっているということです。日本全体で見ても60歳以上の就業率が伸びていることが、統計データからも裏付けられています。

長らく会社で働く人の主力は18歳、22歳～59歳までの正社員でした。多くの会社で定年制が設けられて、ある年齢になったら強制的に退職になります。その後は、退職金をもらい、定年後再雇用として1年更新の契約社員など、それまでとは異なる雇用形態で働くことが主流です。給料は正社員でいたころの半分、高齢者用の軽作業や補佐業務などに仕事が変わることもあります。〝半引退〟といってもいい状態です。60歳を境に業績貢献を期待されなくなり、あるいは期待されつつも給料が半分になるのです。そういうものだと割り切って活躍する人材もいますが、会社側から業績貢献が期待されないとなればモチベーションを維持できず、定年を機に辞めていく社員もいます。

これまではそれでもよかったかもしれません。しかし、再雇用率が上がり、〝半引退〟の期待されない人材がどんどん増えているとしたらどうでしょうか。年金の支給開始年齢が上がり、平均寿命が延び続ける今、生活を維持するために働き続ける人も増えています。今までのようにそういうものだと割り切ってそれでも仕事がしたいから働き続ける人とは異なる人材です。働く理由はさまざまですが、再雇用率が上がるということはさまざまな理由で働き続ける人材が増える、再雇用社員の多様化も進

図表30-1　60歳以上就業率・就業者数推移

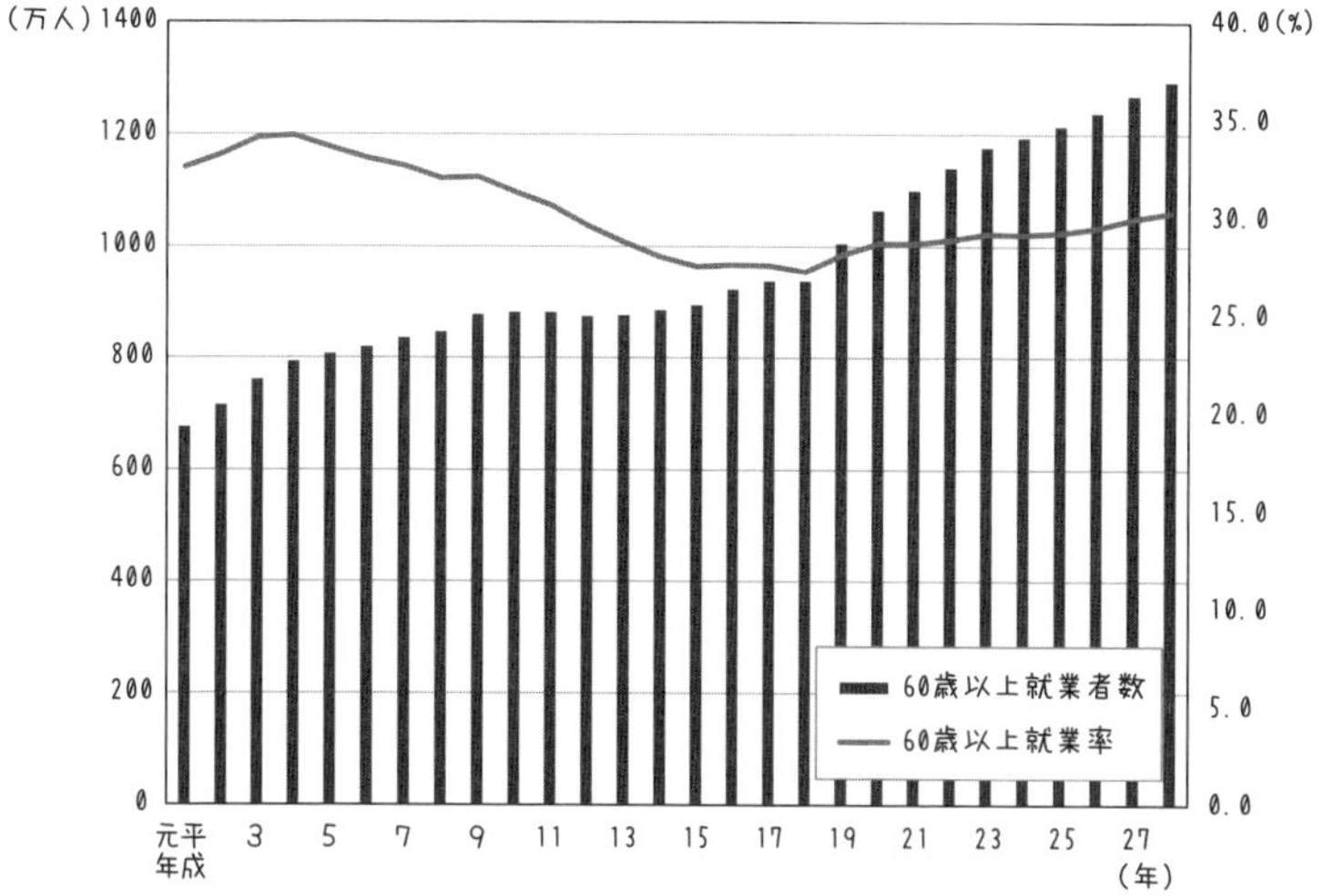

出所：総務省「労働力調査」(平成１年～平成28年)

図表30-2　再雇用率

◆再雇用率・現在の人員構成によって再雇用者が大幅に増加

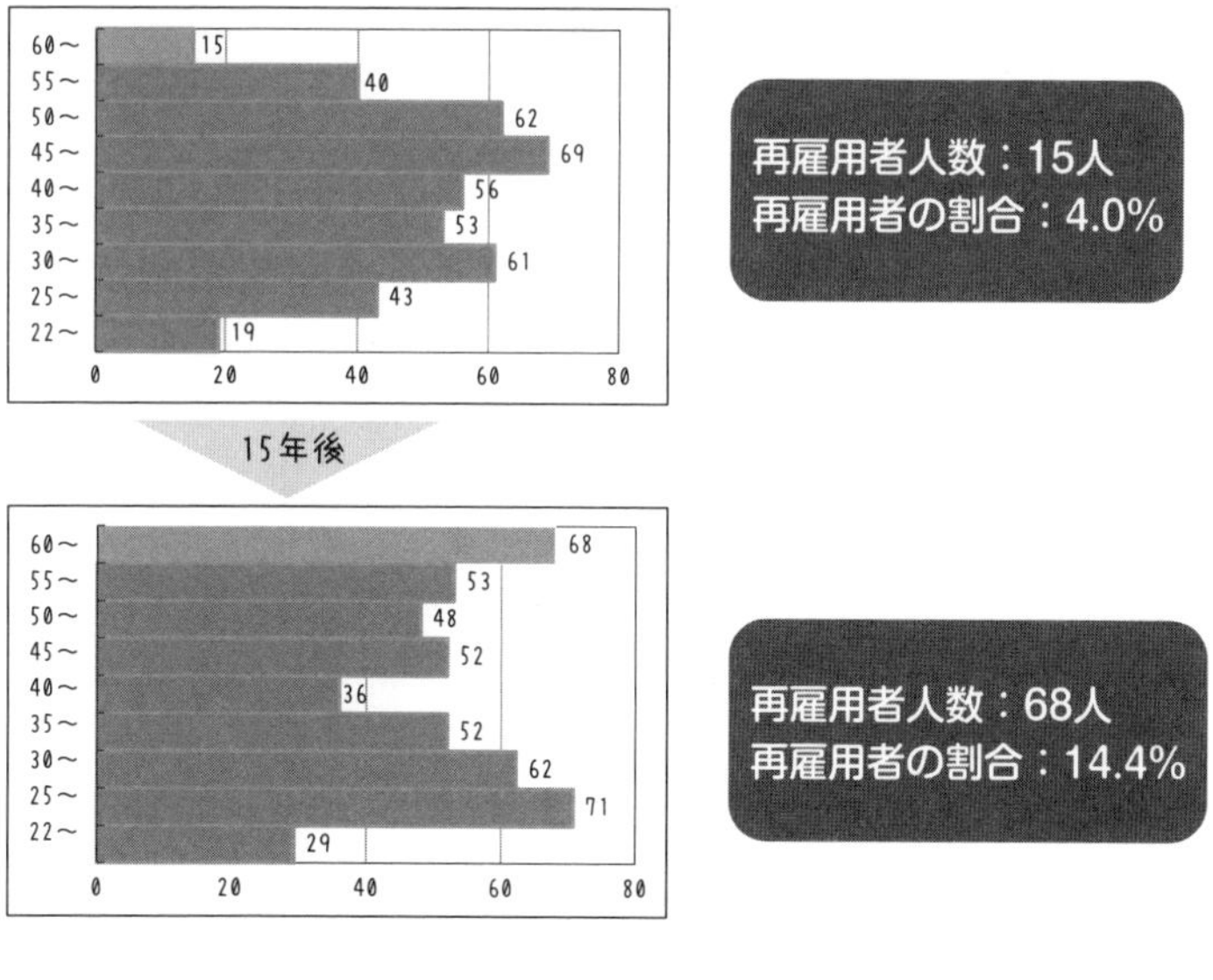

むということです。

定年を迎える人が増えている

再雇用率と同様に把握しておきたいのが、全社員に占める再雇用人材の人数割合です。日本の総人口が減少する中で、高齢化は急速に進んでいます。日本全体の傾向がそうであるならば、多くの企業でも同様のことが言えます。つまり、再雇用になる人の母数が増えているのです。〝主力〟である22歳～59歳と、〝半引退〟である60歳以上の人数比率が変わってくることを意味します。

今までは人数が少なかったために、再雇用者のパフォーマンスについて十分な議論がされず、あくまで正社員にどうパフォーマンスを発揮してもらうかに重点が置かれてきました。全体の2～3％ならよかったかもしれませんが、社員の10％を占めるとなるとどうでしょうか。しかも、経験豊富で自社のビジネスをよく知る人材です。現在においては少なくとも同じ人数の新入社員よりははるかに貢献度が高いはずです。ただし、それもマネジメント次第といえるでしょう。新卒社員と同レベルの給与水準、一律固定でパフォーマンスが上がっても上がらなくても同じ給与では十分な貢献は引き出せないかもしれません。

年齢を重ねても主力でい続ける

歴史的に見て〝定年〟とは、社員側からすればそれまでの雇用保証であり、会社側からすれば厳しい解雇規制のある日本における数少ない過剰人員の適正化手段であるという、それぞれ異なる意味を持ってきました。これも時代とともに変わってきています。社員側からすれば60歳の定年よりも長く働き続けたい、雇用保障してほしいということになるでしょう。会社側のニーズも変わってきます。日本全体の人口減少と働く人の減少や景気の回復が重なれば、当然人手不足が深刻化します。かつての過剰人員も単純に退職してほしいわけではなくなっています。一方で処遇の在り方を考えると、年功的な賃金である限り高年齢人材の割合が増えるほど人件費が増えます。年齢と貢献度が比例する職種や人であれば問題ありませんが、そうでなければ人件費は過剰な状態といわざるを得ません。雇用延長時代の〝定年〟とは、過剰人員の適正化から過剰賃金の適正化に変わってきているといっていいでしょう。つまり、企業側からすれば人件費は増やしたくない、ただし、人手は欲しいのです。しかも、経験豊富で自社のビジネスを熟知した〝人手〟であれば現在の価値は高いといえるでしょう。

企業における高年齢人材が増えている中で、彼らに十分なパフォーマンスを発揮してもらうには、〝一律〟に〝下げる〟ような再雇用者の処遇の在り方を見直す必要があります。ただし、それは再雇用制度の見直しだけでは済まない可能性があります。今までも再雇用者であっても〝一律〟ではない人材は存在しました。後継人材がおらず、継続して管理職ポストに就くような人材には、通常の再雇用社員と比して高い処遇を継続するのです。60歳の定年時に人材の見極めと処遇の適正化が行われているのです。今後は、このような人材の見極めを60歳になって初めて行うのではなく、もっと手前の正社員時代に行っていくことになるでしょう。貢献度と処遇が一致していれば60歳になって改めて給与を下げる必要もないですし、59歳の時と変わらず働き続けることができるかもしれません。重要なのは再雇用者の給料をどう下げるか、ではなく年齢に関係なく会社として1人ひとりを公正に評価し、ふさわしい処遇をするという責任を果たすということです。

3分間チェック！

マネジメントのポイント

□現在と将来の再雇用人数を把握

自社の再雇用率の状況と過去との連続性で見た場合のトレンドを把握しておくことが重要です。また、現在の再雇用者数と現在の年齢別の人員数に照らした将来の再雇用者数を把握することで、再雇用率だけでは見えない絶対数の増減を把握することができます。

□再雇用者にも期待する

再雇用者が多い、あるいは増えることがわかったら、人件費・人材マネジメントの方法も見直します。今のままでは人件費増加リスクがあるのか、期待されずモチベーションの低い人材が職場に増えてしまうのか、定量的に把握した上で対策を講じる必要があります。

□正社員時代に対処すべきこと

人口構造や雇用区分によらない社員全体の人件費・人材マネジメントを考えると、正社員の人事管理方法も見直す必要があるでしょう。

●著者紹介

林　明文（はやし　あきふみ）

株式会社トランストラクチャ　代表取締役

明治大学専門職大学院グローバルビジネス研究科　客員教授

青山学院大学経済学部卒業。デロイトトーマツコンサルティング合同会社に入社し，人事コンサルティング部門シニアマネージャーとして数多くの組織，人事，リストラクチャリングのコンサルティングに従事。その後大手再就職支援会社の設立に参画し代表取締役社長を経て現職。この間人事雇用に関するコンサルティングとともに講演，執筆活動を数多く行っている。主たる著書として，「人事の定量分析」（中央経済社）2012年，「企業の人事力」（ダイヤモンド社）2014年，「合理的人事マネジメント」（中央経済社）2014年，「新版人事の定量分析」（中央経済社，共著）2016年などがある。

古川　拓馬（ふるかわ　たくま）

株式会社トランストラクチャ　ディレクター

龍谷大学法学部卒業。国内大手独立系コンサルティング会社に入社し，人材開発，組織・人事コンサルティングの企画営業業務を行う。その後，当社に入社。コンサルティング部門のディレクターとして，定量分析，人事基盤整備および人事制度設計等の数多くの，組織・人事コンサルティング業務に携わるほか，講演活動やプロダクト開発，人事分析の品質管理，社内教育等に従事。著書として，「新版人事の定量分析」（中央経済社，共著）2016年がある。

佐藤　文（さとう　あや）

株式会社トランストラクチャ　シニアマネージャー

東京工芸大学工学部卒業。ソフトウェア開発会社に入社し，人事部門を中心とした業務改善，要件定義などに従事。その後，専門店マネージャーを経て現職。人事制度設計を中心とした，雇用施策，人材開発関連などの組織・人事コンサルティング業務に携わる一方で，執筆活動を行う（「職務型人事への移行法」（月刊人事マネジメント）など）。

経営力を鍛える人事のデータ分析30

2017年9月10日　第1版第1刷発行
2018年10月10日　第1版第9刷発行

著者　林　明文
　　　古川拓馬
　　　佐藤　文
発行者　山本　継
発行所　㈱中央経済社
発売元　㈱中央経済グループパブリッシング
〒101-0051　東京都千代田区神田神保町1-31-2
電話　03 (3293) 3371(編集代表)
　　　03 (3293) 3381(営業代表)
http://www.chuokeizai.co.jp/
印刷／三英印刷㈱
製本／㈲井上製本所

＊頁の「欠落」や「順序違い」などがありましたらお取り替えいたしますので発売元までご送付ください。(送料小社負担)

ISBN978-4-502-23771-3　C3034